よくわかる山岳信仰

JN099824

角川文庫
22436

はじめに

国土の七割を山に囲まれている日本では、古くから山を神聖視して崇める山岳信仰が盛んだった。山岳信仰というと深山幽谷《しんざんゆうこく》に籠って厳しい修行を行う「修験道」が連想されるが、修験道は道教の神仙術や仏教、神道、さらには民間信仰などを融合した日本独自の宗教体系で、中世以降に確立したものである。

もちろん、修験道は山岳信仰の主要な部分を構成し、中世以降は民間の山岳信仰をリードしてきた。しかし山岳信仰には修験道以前の長い歴史があり、その積み重ねこそが修験道を形作って来たのである。それは山に対する人々の素直で素朴な崇敬の念であり、まさに宗教以前の信仰といえるものである。太古の昔から日本民族が抱いてきたもので、日々、山を眺める経験を通して培われて来たものと考えられる。

数年前の四月中旬ごろ、筑波山の山麓を走るJR水戸線に乗っていたとき、苗代作《なわしろづく》りに忙しい田んぼの畔《あぜ》に一人の農夫の姿が車窓から見えた。七〇歳ぐらいの農夫は脱帽して筑波山に向かって首を垂れていた。彼は筑波山の神に稲の順調な生育と豊作を祈願していたに違いない。筑波山の神は日本武尊《やまとたけるのみこと》ということになっているが、この農夫にとって祭神の如何《いかん》などどうでもいいことだろう。とにかくこの山には人知を超越した崇高な神がいて、農耕を助けてくれる。それだけで事足りるのである。そして、それが山岳信仰の原点である。

山の神の代表、総元締めといえば大山祇命《おおやまつみのみこと》である。しかし、この神は『古事記』『日本書紀』の編纂《へんさん》過程で、日本各地で信仰されていた名もない山の神を統合したものである。統合までには非常に長い時間を要し、その間にも素朴な山の神は信仰され続けていた。筑波山の例でも分かるように、信仰は今も生き続けているのである。

小著では山に対する日本民族の原初的な向き合い方を基軸に、日本人にとって山とはどういう存在か、山の民とその暮らし、山岳信仰と仏教や神道との融合、修験道の成立などについて述べ、最終章に日本の主な霊山を紹介した。小著を通して日本人が山をどのようにとらえ、どのように山と付き合ってきたか、その概観をつかんでいただければ幸いである。

小著執筆に当たっては武蔵御嶽《むさしみたけ》神社の禰宜《ねぎ》、須崎直洋氏に貴重なお話を伺うことができた。末筆ながら謝意を表したい。

二〇二〇年初冬

瓜生　中

目次

第二章　山岳信仰の整備と神仏習合

第四章　修験道の成立

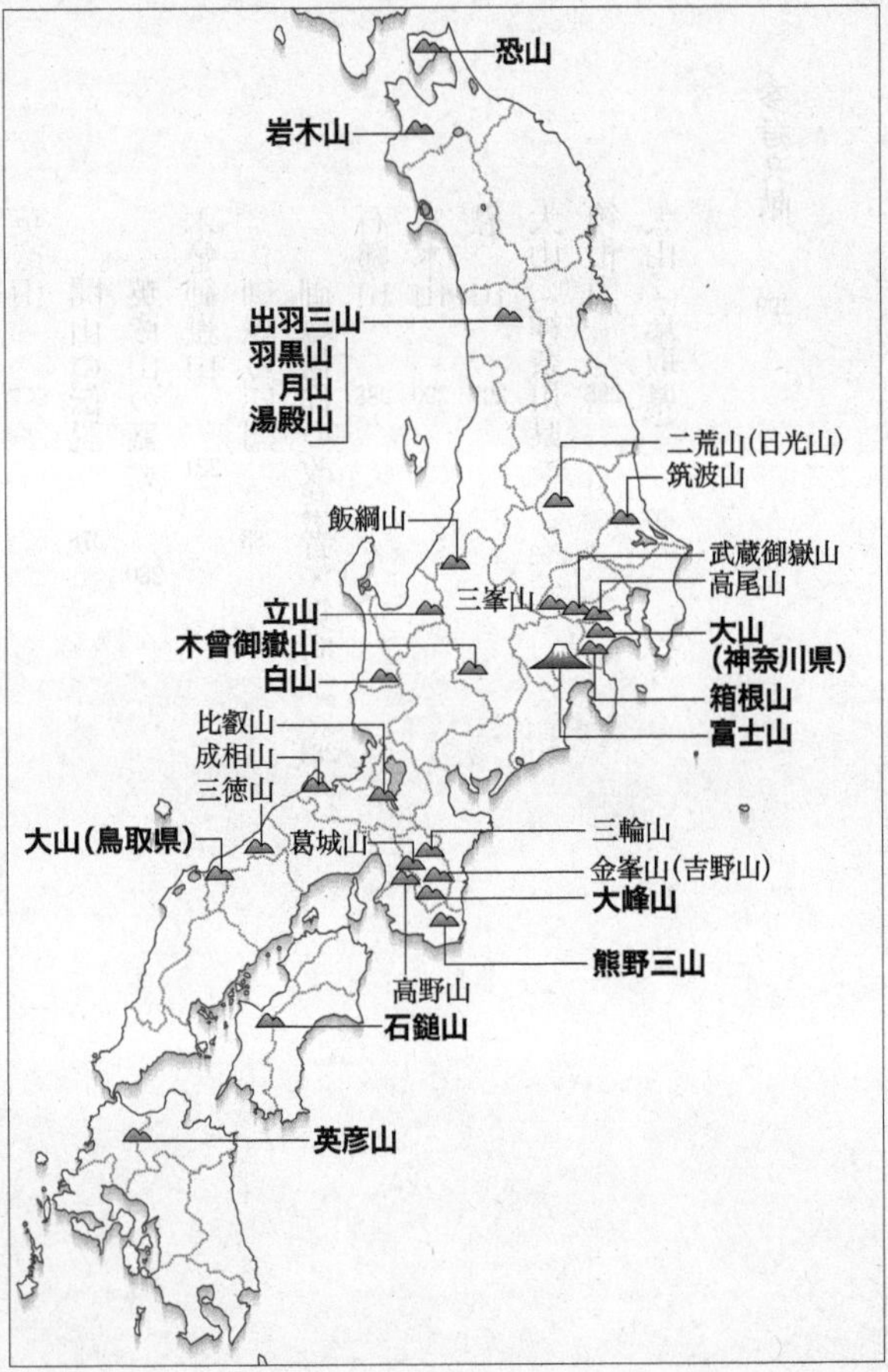

本書で紹介する主要な山々

第一章　日本人にとっての山

国土の七割を占める山岳地帯

日本は国土の七割を山に覆われている。近代になって大規模な開発が進んだが、それは海浜の埋め立て地などが中心である。山岳地帯に目を向ければ、高速道路やダムなどができてはいるが、自然が今も手付かずのまま残されているところが多い。

また日本は周囲を海に囲まれた海国、島国でもある。海辺に暮らす民も海浜の山と深いかかわりを持って来た。日本民族は太古の昔から、山とともに生き、そこにある種の信仰や生活の指針を見出《みいだ》してきたのである。

海浜の民は、近くにある山を「当山《あてやま》」と称して航海や漁の目印にしてきた。また、海浜の山々に繁茂する森林を通って海に注がれる雨水や雪解け水は、豊富なミネラルなどを含み魚介類を良く育てる。一例をあげれば、瀬戸内海《せとないかい》に浮かぶ大三島《おおみしま》神社に山の神の総元締め・大山祇命《おおやまつみのみこと》が祀《まつ》られているのも上記の理由による。

記紀《きき》（『古事記』と『日本書紀』）の神話で有名な山幸彦《やまさちひこ》と海幸彦《うみさちひこ》は、それぞれ山の神と海の神の代表である。神話の中で山幸彦は、兄の海幸彦に「たまには持ち場を替えてみないか」と誘う。そして山幸彦が山の鳥獣を獲《と》るのに使っている弓矢と海幸彦が使っている釣竿《つりざお》を交換して、いつもと違った場所で獲物を獲ってはどうかと提案した。

しかし、両者とも持ち場が違うと成果が上がらず、けっきょく、兄の怒りを買ってこの計画は失敗に終わる。

この話は山幸彦の単なる思い付きで唐突に持ち上がってきたようにも見える。しかし、そこには山と海との交流がしっかりと示されているのであり、両者が切っても切れない縁で結ばれていることを表明している。

海幸彦、山幸彦の「幸」はいうまでもなく「幸福」の意味だが、ここでは「豊かな収穫物」という意味である。そして「彦」は古代の男性の美称である。つまり、両者は山と海から豊かな収穫物を持ってやって来る若々しい青年を意味する。

海や山は豊かな資源の宝庫である。海はさまざまな魚介や海藻、そして人間にとって欠かすことのできない塩を提供してくれる。また近年では、石油や天然ガスなど産業の持続発展に欠かすことのできない資源も提供してくれる。さらに、蒸発した海水は雲となり、やがて雨となって大地を潤す。

いっぽう、山の方も枚挙に暇《いとま》がないほど数々の「幸」を提供してくれる。木の実や山菜、鳥獣をはじめ、森林資源、金や銅、鉄などの鉱物資源、さらには温泉など、われわれの生活を豊かにしてくれる多くの「幸」が詰まっているのである。

山と海は天皇や貴族にも欠かすことのできない存在だった。正倉院《しょうそういん》（奈良県）の御《ぎょ》物《ぶつ》（宝物）の中に「鳥毛立女屏風《とりげりつじょのびょうぶ》」という美人図がある。奈良時代のものと考えられるこの美人図には、ふくよかな顔をした美女がゆったりとした唐《から》風の衣装を着て樹下に立っている。現在はかなり剝落《はくらく》しているが、その衣装にはヤマドリの羽毛が貼り付けてある。宮廷生活を彩り、その威厳を保つ上でも山は不可欠の領域だったのだ。

山で取れるスギやヒノキなどの材木は、御所の宮殿や貴族の館、そして一般民衆の住居に至るまで、さまざまな建物の建築を可能にするとともに、燃料としても大いに活用された。世界遺産に登録されている世界最古の木造建築、法隆寺《ほうりゅうじ》の伽藍《がらん》や宇治平等院《うじびょうどういん》などは、日本の山岳地帯に存在する豊かな森林資源を背景に造られたものなのである。さらに近世になって、各地の山でスギやヒノキの植林が行われるようになり、全国の木造建築の建築材の供給源となった。

また、螺鈿《らでん》細工も宮廷や寺院建築の荘厳《しょうごん》には欠かすことにできないものだった。螺鈿細工はさまざまな形に刻んだ貝殻を漆で塗りこめて磨きをかけたもので、食器や調度品、室内の装飾に用いられた。宮廷生活を営む上で、海も欠かすことのできない存在だったのである。

山は神の降臨する神聖な場所

記紀神話には、天孫瓊瓊杵尊《ににぎのみこと》は日向《ひゅうが》（現在の宮崎県）の高千穂《たかちほ》の峰に降臨したと記されている。記紀は八世紀の初めに編纂《へんさん》された歴史書だが、それよりもはるか以前から、日本には神が山の上に降りて来るという信仰があった。富士山をはじめ、各地の霊山《れいざん》と呼ばれる山の頂上には必ず社や鳥居が備えてあり、山内にも要所要所に鳥居や社が建てられている。

神の降臨する山は富士山や白山《はくさん》、熊野《くまの》三山《さんざん》などの「霊山」といわれる山ばかりではない。人々が生活する集落（ムラ）近くにある小高い山も信仰の対象だったのである。人々は山の麓《ふもと》に「里山《さとやま》」と呼ばれる生活圏を作り、そこから常に山を拝み、その恵みに感謝しつつ日々の生活を送って来た。

里山は田畑と数十戸の住居からなり、山裾《やますそ》では定期的に下草を刈ったり、余計な枝を払ったりして人の手が入った森林が広がっている場所である。里山という言葉は江戸時代後半に尾張《おわり》藩の公文書に見えるが、人が森林に手を加えるようになったのは縄文《じょうもん》時代に遡《さかのぼ》るといわれている。近年は自然保護の観点から、あらためて良く使われるようになった。

また、里山から遠望できるひときわ高い山は近くの小高い山以上に神聖な山として信仰の対象となり、その山が見える広い地域の村々の共通の聖地とされた。四月下旬、筑波山《つくばさん》の山麓《さんろく》を走るJR水戸線に乗っていたときのことである。ちょうど苗代《なわしろ》づくりのシーズンで、各所で田に水を引いている光景が車窓から見られた。そんな中で一人の農夫が、小型の耕運機の脇で帽子を片手に深々とお辞儀をしている光景があった。

もちろん、お辞儀の相手は筑波山である。

私はそこに、いわゆる神道《しんとう》でも仏教でもない山への敬虔《けいけん》な姿を見出し、思わず感動を禁じ得なかった。それは神聖な山に対する、宗教以前の日本民族の最も原初的で素朴な信仰心ということができるだろう。

このような山の信仰は、海の見えない山里に限ったことではない。海浜の集落でも近くの山を中心に里山を形成している場合もある。ただ、海辺の民には海の神（海神《かいじん》）が岬の先端に漂着するという信仰もあった。その代表が恵比寿《えびす》信仰である。しかし先にも述べたように、同時に近くの山は航海の安全や豊漁を約束してくれる当山として信仰され、人々の生活と切っても切れない存在となっていた。

神が降臨する山を神聖視するという信仰は、世界各地域に見られる。たとえばインド北部のナンダコットという山（標高六八六一メートル）は「女神を護《まも》る砦《とりで》」という意味で、山頂に山の女神がいることで信仰の対象になっている。また、エジプトのシナイ半島に聳《そび》えるシナイ山はモーセが十戒を授けられ、キリスト教の最高神エホバが住まう山としてユダヤ教徒やキリスト教徒の信仰の的となっている。

ただ、インドなどの山岳信仰は山麓の山岳民族を中心とするものであり、シナイ山はユダヤ教やキリスト教という宗教を通じて、その信者に限定された信仰の山ということができる。

これに対して、日本の山に対する信仰は北から南まで日本列島全域で行われており、そこに日本の山岳信仰の特異性がみられるのである。これは日本民族がほぼ同一の言語を用い、正月や彼岸、盆の行事を行うなど、ほぼ均一な文化を持っていることから、山岳信仰も均一に保たれていると考えられるのである。

他界信仰——山は死者の赴くところ（他界）

日本では古くから、集落で亡くなった人を近くの山中に遺棄する風習があった。これを「風葬《ふうそう》」と呼んでいるが、実際には死体は生活圏から離れたところに捨てるのである。おそらく、死体を媒介とした伝染病などの感染を防ぐという衛生上の意味もあったと考えられる。また死は汚《けが》れと見なされていたことから、汚れを遠ざけるという意味もあったのだろう。

屈強の若者が死体を担いで山麓の林まで行き、そこに死体を遺棄すると後ろを振り返ることなく一目散に帰って来る。村境で待ち受けていた村人たちが彼らに塩を振りまいて清めた上で、はじめて彼らはムラの中に入ることができる。塩で汚れを清めるという風習は、今も通夜や葬儀に残っている。

遺棄された死者の霊は、長きにわたって山中をさまよううちにしだいに浄化され、遂《つい》には山頂から天に昇る。そして、天界で過去に昇天した霊と合体する。このとき、個別の霊の存在はなくなり、過去の同じ村の死者の霊と一体となる。これを祖霊《それい》（先祖の霊）と呼び、祖霊は祖神《そしん》とも呼ばれ、この時点ですでに神と見なされるのである。

ただし、死者の霊の中には浄化されずにいつまでも山中を漂い続けるものもある。年少にして亡くなった者の霊やこの世に強い恨みを持って死んだ人の霊、あるいは災害や事件に巻き込まれて非業の死を遂げた人の霊は、いつまでも浄化されることがないと考えられていた。仏教風にいうと「成仏できない」霊で、魑魅魍魎《ちみもうりょう》と呼ばれ人々に害を加えるものとして恐れられた。

このような死者の霊が赴く場所は「他界《たかい》」と呼ばれ、生きているものの住む俗界とは厳格に区別された。また、山は魑魅魍魎の住まう世界、すなわち「魔界《まかい》」でもある。魔界の主は魔王で、日本オリジナルの魔王は「天狗《てんぐ》」という姿をとって各地の山を跋扈《ばっこ》するようになる。

江戸時代に編纂された『日葡《にっぽ》辞典』（ポルトガル語の辞典）の「悪魔（魔王）・デモニオ（demonio）」の訳語は「天狗」となっている。天狗は山に棲息する恐ろしい悪魔、鬼だったのである。このように、山の悪魔や鬼が棲《す》むという観念は古い時代ほど現実味を帯びていたのであり、各地の伝説や説話には実際の出来事として天狗の存在が語られている。

他界であり魔界である山は容易に人を寄せ付けない。山猟師や樵《きこり》など、山仕事で生計を立てる人たちが厳格な掟《おきて》を守った上ではじめて入山を許される。また、古くから山奥深くで厳しい修行をし、里では得られない超人的なパワーの獲得を目指す人々がいた。彼らは「山岳修行者」、時代が下ると「修験者《しゅげんじゃ》」「山伏《やまぶし》」と呼ばれ、山猟師と同様、やはり厳格な掟を守りつつ山中で修行をしたのである。

修験者（山伏）が着る白装束は死装束で、山で一旦《いったん》、死を体験した上で再生することを願い修行に励んだ。これを「擬死回生《ぎしかいせい》」といい、山岳信仰の中で育《はぐ》まれた日本独特の信仰形態である。さまざまな幸を提供してくれる山は生命の源であり、そこで生まれ変わることによって新たな人生が始まるのを期待したのである。

神奈備信仰——山の頂に対する信仰

洋の東西を問わず、古代より山や川、樹木や岩などのあらゆる自然物に精霊が宿るという信仰がある。このような信仰をアニミズム（精霊崇拝）と呼んでいるが、今も北米インディアンやカナダやアラスカなどに住むイヌイット、東南アジアやオーストラリア、ニュージーランドなどに住む先住民の間で広く見られる信仰形態である。そして、日本のいわゆる神道もその基本はアニミズムである。

日本の神奈備《かんなび》信仰もアニミズムに基づくもので、特異な発展を遂げた信仰形態である。どの神社にも「神体」というものがある。たとえば、伊勢神宮の神体は三種の神

三輪山全景

器の一つの「八咫鏡《やたのかがみ》」、名古屋の熱田《あつた》神宮の神体は同じく三種の神器の一つの「草薙剣《くさなぎのつるぎ》」である。神体は神が降臨してくる目印になるもので、神がより所にするという意味で「依代《よりしろ》」と呼ばれる。

神奈備は八咫鏡や草薙剣のような人工物ではなく、山や森林などの自然環境を神体、つまり依代とする領域のことである。たとえば、奈良の大神《おおみわ》神社は背後の三輪山《みわやま》の頂上を目掛けて神が降臨すると考えられており、頂上から麓までの全域が神体山《しんたいさん》として信仰の対象になっている。

神奈備の「神」はいうまでもなく神、神霊のことで、「奈備」は鎮座するとか隠れ住まうという意味である。また、たとえば神奈備としての山には神籬《ひもろぎ》や磐座《いわくら》、磐境《いわさか》と呼ばれる依代がある。磐座は山頂や山中にある磐《いわ》、神籬は神木などで、これを手掛かりとして神が降臨すると考えられている。

三輪山の山中には磐で囲まれた磐座が点在している。その周辺にはかわらけ（素焼きの盃《さかずき》）の破片が多く見られる。磐座の前で降臨した神を迎え、直会《なおらい》（人が神と同じものを飲食する神事）を行っていたことが分かる。

また、修験道の聖地として知られる奈良の大峰山《おおみねさん》には、靡き（ナビキ）と呼ばれる場所が七五ヵ所もある。これを「七十五靡き」といい、その一ヵ所ごとに神が降臨すると考えられている。靡きは特徴のある磐のある場所で、行者《ぎょうじゃ》は一ヵ所ごとに丁重に礼拝し、祈禱《きとう》を行う。この「ナビキ」も「奈備」に由来することは容易に想像がつく。七五もの靡きを擁する大峰山は全山が神奈備なのである。

仏教民俗学者の五来重《ごらいしげる》は『山の宗教』の中で、「原初的には、それぞれ麓の民がこれらの山々（大峰山系）を自分たちの先祖の霊のいく山、『神奈備』として」拝んでいたと述べている。神奈備は麓の集落の中で亡くなった人の霊が赴く場所だったのであり、その霊は山頂から昇天して神（祖霊）となるのである。

神の依代としての神籬

先に述べた通り、神籬《ひもろぎ》、磐座《いわくら》、磐境などの依代は、神奈備を構成する重要な要素である。

神籬《ひもろぎ》は榊《さかき》や松などの常緑樹を神が降臨する目印として立てるものである。『万葉集』に「神奈備に神籬立てていはへども……」という歌がある。「いはへども」とは神を祀るという意味で、古くから榊などの常緑樹の神籬を立てて神の降臨を仰ぎ、神祭を行っていたことが分かる。

記紀の神話では天照大御神《あまてらすおおみかみ》が岩戸に隠れたとき、榊を根ごと引き抜いて岩戸の前に立てたと記されている。これは天照大御神が岩屋から出てきたときの依代としたのだろう。

民族学者の柳田国男《やなぎたくにお》は『日本の祭』の中で「祭には必ず木を立てるということ、これが日本の神道の古今を一貫する特徴の一つであった」と述べている。ここでいう「祭」とは、神輿《みこし》や山車《だし》が練り歩いたり、露店が出て多くの人々が集まる大掛かりな祭礼だけを意味しているのではない。現代でも行われている地鎮祭や個々の家々の祭の神を迎える祭であり、地鎮祭のときに円錐状に盛り上げた砂の上に立てる榊も神を迎えるための依代《よりしろ》（神籬）である。

また記紀神話では、イザナギとイザナミが最初に生んだ（つくった）オノゴロ島という島に降り立ったとき、この島を国中の「柱」として国生み、神生みを行ったという話が出ている。さらに天孫瓊瓊杵尊《ににぎのみこと》が日向の高千穂の峰に降臨したときには、地下の盤石に届くほど太い巨大な柱を立てた上で宮殿を建設したという。

このような神話から、柱は神の活動の起点（依代）として極めて重要な位置を占めていたことが分かる。神霊を「一柱《ひとはしら》」「二柱《ふたはしら》」と数えるのは、柱自体を神と同じく神聖視したことによるのだろう。「柱」の語を助数詞として使うのは『古事記』のみに見える用法で、一神教はもとより多神教にもない日本独特の用法である。

また、伊勢神宮の正殿の中心に「心御柱《しんのみはしら》」という太さ約二七センチメートル、地上に出ている高さが約一・八メートルの掘立柱がある。この心御柱は正殿の床の直下で止まっており、建物を支える構造材としての役目を果たしていない不思議な部材である。しかし、この心御柱の真上には神体の八《や》咫鏡《たのかがみ》があることから、この柱は神体と一体となった依代の役目を果たしていると考えられる。

柱を神聖視する信仰は古墳《こふん》時代（四世紀前後）に遡るともいわれ、出雲《いずも》大社の大黒柱や諏訪《すわ》大社の御柱祭《おんばしらまつり》にもその信仰の形態を見ることができる。そして、現在でも建物を建てるのに先立って「立柱式《りっちゅうしき》」が行われ、木造建築のみならず超高層ビルの建築に際しても、必ず立柱式は行われる。これも淵源《えんげん》を辿《たど》れば古代の「柱」に対する信仰、さらには神籬信仰に行き着くと考えられる。

ただ、神籬は岩戸隠れの話にもあるように、根こそぎにした生木である。柳田国男が「木を立てる」といっている「木」も、もともとは根のついた生木である。いっぽう、柱はすでに製材されたものが想定されており、生木よりも後の神籬と見ることができるだろう。

また、時代が下ると神籬は八脚台《はっきゃくだい》という台の上に方形の板を載せ、その真ん中に紙垂《しで》（注連縄《しめなわ》や玉串《たまぐし》などにつけてある紙を定型に切ったもの）や木綿《ゆう》（紙の原料となるコウゾの皮を煮て鉋屑《かんなくず》のように薄く伸ばしたもの）をかけた榊を立て、周囲を木枠で囲ったものが作られるようになった。今もこのような神籬は神社の各所やとくに祭礼の際の御旅所《おたびしょ》に備えられる。

神の依代としての磐座、磐境

磐座《いわくら》と磐境《いわさか》は大きな石のことで、これもアニミズム的な巨石信仰である。古代には山中にある大きな石の上に神饌《しんせん》（神に供える食事）を供え、その前で寿詞《よごと》を述べたり舞を舞ったりして降臨した神を饗応《きょうおう》したのである。そのような石の上や前で祭儀を重ねるうちに、石自体が神の宿る神聖なものと考えられるようになり崇敬の対象となった。そして神は山頂に降臨するという信仰から、山頂付近にある巨石は神が降臨して座す石として特に神聖視されるようになり、「神が座す磐」という意味で磐座《いわくら》と呼ばれるようになったと考えられている。

ちなみに、平安時代の法令書である『延喜式《えんぎしき》』では、神を数えるのに「座《ざ》」という助数詞を用いている。この座は磐座に由来するのだろう。さらに、日本では山の数を数えるときにも「座」を助数詞としており、海外の山まで「ヒマラヤ八〇〇〇メートル峰一四座」などと言っている。これも磐座に由来するもので、山には必ず神がいることからこのようにいわれるようになったのであろう。

熊野の新宮《しんぐう》に神倉《かみくら》神社という古社がある。標高一二〇メートルの神倉山の山頂には「ゴトビキ岩（ゴトビキとはこの地方の方言でヒキガエルのこと）」という巨大な岩がいまにも転がり落ちそうな状態で乗っている。この巨岩が神倉神社の磐座で神体になっているのである。

また、滋賀県の琵琶湖《びわこ》の西側にある日吉《ひよし》大社の起源は、背後の八王子山《はちおうじやま》に鎮座する八王子権現《ごんげん》である。日吉大社には東西に国宝の本殿が二棟たっているが、そこから一時間弱、細い山道を登ったところが八王子権現で、山頂付近に「金大巌《こがねのおおいわ》」という巨岩がある。これが祭神の大山咋神《おおやまくいのかみ》が降臨する神体、すなわち磐座である。

さらに、神社の境内に石を組んで人工的につくられたものも磐座、磐境と呼ばれている。伊勢神宮では内宮《ないくう》にも外宮《げくう》にもそのような磐座（磐境）が境内の各所に点在しており、今もそこで神事が執り行われている。

ドグマなき宗教

ここまでで分かる通り、神籬《ひもろぎ》、磐座《いわくら》、磐境はみな神が目印として降臨してくる依代、つまり、神体としての役割を果たす。そして、これらの依代は八咫鏡《やたのかがみ》や草薙剣といった人工的な神体以前の原初的なもので、いわゆる宗教以前の信仰ということができる。

また、神籬や磐座、磐境の意味や役割は時代とともに変遷してきた。神籬はもともと生木を根こそぎにして供えていたものが製材された柱に変わり、さらには御幣《ごへい》（木の棒に紙垂《しで》を垂らしたもので幣、木綿《ゆう》などともいう）や祓《はら》い棒に変化したと考えられている。磐座や磐境は神饌を乗せる石の台として用いられていたものが、しだいに神聖視されて依代となったものであり、両者は同じものともいわれている。

そして、それらはすべて依代であることには違いはないが、その名称や意味、役割などについては必ずしも明確な区別がないようだ。とくに磐座と磐境は同義と考えられ、同じ巨石や人工的に石を組んだ施設を、神社によって磐座といったり磐境といったりと、呼び名はまちまちである。

あるいは、磐座や磐境をひっくるめて神籬ととらえているケースもある。このような名称などの混乱は、いわゆる神道がドグマ（教義）なき宗教といわれているように、成文化された教義を持たないことによる。つまり、最初は何らの名称もなかった「宗教以前の信仰」として行われてきた習俗が、ある時から名称を与えられ、その後、漢字の使用が普及するとその発音に漢字があてられたのだろう。

ただ仏教の伝来と対抗するかのように、曲がりなりにも神道が教義を整えはじめると、神籬などについてももっともらしい大義名分が謳《うた》われるようになった。しかし、それらの解釈は必ずしも統一されておらず、各地方の神社などで使われている名称などもまちまちだった。神籬や磐座の名称に異同があるのは、以上のような理由によると思われる。

山の神と三十三回忌

人が亡くなった後、その命日を中心に法要を営むことは古くから天皇や貴族、僧侶《そうりょ》などの間で行われてきた。奈良の正倉院は、聖武《しょうむ》天皇の一周忌（七五七年）のときに天皇所蔵の宝物を妃の光明皇太后《こうみょうこうたいごう》が東大寺《とうだいじ》に寄進する際、その宝物を納めるために創建されたものである。

このような一周忌や三回忌などの年忌法要が一般民衆の間に普及したのは、室町時代の中ごろと考えられている。一休《いっきゅう》禅師の逸話にも年忌法要に関する次のような話が伝えられている。

ある日、一休がいつものように汚い破《や》れ衣《ごろも》を着て托鉢《たくはつ》していると、一軒の裕福な商家で年忌法要を営んでいるところに遭遇した。これも仏縁と考えた一休は、自分にも経を上げさせてくれと商家のものに声をかけた。すると主人が出て来て、そんなみすぼらしい身なりの僧侶を家に上げることはできないといって追い払われた。後日、その商家の前を通るとまたもや法要を営んでいたので、今度も一休は経を上げさせてくれと頼んだ。すると、主人が飛び出してきて、是非ともお経を上げて供養をしてくれるようにと頼まれた。このとき、一休にしては珍しく立派な衣を着ていたのである。

そして、法要が終わるとお斎《とき》（仏事が終わった後の、いわゆる精進落《しょうじんお》としの食事）に招かれ、一番上座に坐《すわ》るように促された。しかし一休は着席せず、袈裟《けさ》を畳んで座布団の上に置いてその前に坐ったまま一向に席に着く様子がない。不審に思った主《あるじ》が訳を聞くと、過日、破れ衣を着て供養を申し出たときには、けんもほろろに追い返された。今日はたまたま立派な衣を着ていたので、歓迎され立派なお膳の出るお斎にも招かれた。察するところこのお膳は立派な衣に対して用意されたもので、自分にはこれを食べる資格はないと嘯《うそぶ》いていたという。

この話は一休のエピソードによくある奇行や頓智《とんち》の類《たぐい》で、事実かどうかは分からない。しかし、室町時代には経済が飛躍的に発展し、富裕な商人も誕生したことは事実である。そして、富裕な商人などから一般民衆の間に年忌法要が普及していったことは、他の民間信仰の状況から見ても容易に推測できる。

このころに年忌法要は初七日から三十三回忌までの一三回と定められ、最後の三十三回忌は「弔《とむら》い上《あ》げ」と称されるようになった。この法要を済ますと先祖累代の霊と一体となり、個別の法要を営む必要はなくなる。仏教的にいうと成仏するのである。

しかし、これは民間に普及した仏教が仏教伝来以前から行われていた民間の習俗を仏教的に焼き直したもので、三十三回忌に先祖の霊と一体となるという信仰の基盤にあるのは、山に葬られた亡き人の霊が長い間、山中を彷徨《さまよ》って山頂から昇天して祖霊、すなわち神（氏神《うじがみ》）になるという日本固有の信仰なのである。

また、仏教では三の倍数は無限を表す。従って三三年（亡くなった年を勘定に入れて三二年後に三回忌を行うので実際には三二年ということになる）という期間は、実数ではなく極めて長い時間ということである。日本古来の信仰では、亡き人の霊がいつ氏神になるかは明確にされてはいないが、おそらく何年、あるいは何十年かにわたって氏神の例祭を繰り返し、残された遺族などの悲しみや死者に対する記憶が薄らいできたときが氏神になるときなのだろう。

板塔婆の起源

今ではほとんど見られなくなったが、かつては三十三回忌には施主が山から杉やヒノキを切って来て、上部の枝葉を残し、中央の四面を削って戒名や経文、年月日などを書いて墓に立てる風習が各地で見られた。この木を「うれつき塔婆《とうば》」といい、「うれ」とは木の枝のことで枝葉を付けたままの塔婆という意味である。

そして、このうれつき塔婆が神籬《ひもろぎ》（依代）であることは容易に理解できる。となると、死者の霊は墓から抜け出して、一旦、神籬であるうれつき塔婆に依《よ》り付いた上で集落近くの山頂を目指し、そこから昇天すると考えられる。

幽霊に足がないという民間の認識からも察せられるように、霊は浮遊する性質を持っており、依代を見つけては一時的に降臨し最終的には山頂から昇天する。そして、定期的に（普通は年に一度）執り行われる祭礼のときに山頂に降臨し、その後、依代《よりしろ》（神籬《ひもろぎ》）を頼りに里宮に降りて来て氏子たちから饗応を受けるのである。

滋賀県の琵琶湖近くに鎮座する多賀《たが》大社の祭神のイザナギノミコトは、はじめ多賀大社から四キロメートルほど離れたところにある本宮山《ほんぐうさん》という山の山頂に降臨した。それから本社に鎮座する前に休んだ御旅所が本宮山の麓にある。この御旅所は調宮《とのみや》神社といって、鳥居が立ち本殿があって境内には磐座《いわくら》も備わっており、いうまでもなくこの磐座が依代である。うれつき塔婆も御旅所に立てられたものと考えられるのである。

今も例祭《れいさい》のときになると、神社の近くの氏子の住まう町内ごとに御旅所が設置される。現代の御旅所は運動会などで使う白いテントを張って中に神体としての鏡を据え、その前に神饌を供え、前述した八脚台に榊を載せた神籬が据えてある。

本来、神籬は鏡などの神体以前のものだから両者が共存することはあり得ないのだが、これも長い歴史の中で混乱を来したのである。ただし、御旅所に神体の鏡と神籬が全国一様に据えられることになったのは明治以降のことで、国家神道の下に国民全体の象徴となるべきものを考案して全国の神社に奨励した（強要した）のであろう。

ところで、塔婆はインドのストゥーパの音写（サンスクリット語〈仏典などに使われるインドの古い言葉〉の発音を漢字の音で写すこと）で、卒塔婆《そとば》と訳され、略して塔婆、塔といわれ、意訳して仏塔《ぶっとう》とも呼ばれる。ストゥーパはもともと仏舎利《ぶっしゃり》（釈迦《しゃか》の遺骨）を納めた墓だった。円形の土の壇を築き、その上に半球形の饅頭《まんじゅう》型の土の壇を載せ、その上部に円盤型の石を三つ載せたものである。

ストゥーパの円形の土壇の周りには釈迦の一代記を浮き彫りにした石がはられ、人々がその周りを巡って釈迦の一代記を見てその遺徳を偲《しの》び仏教への信仰を深めた。これを仏塔信仰といい、紀元前後に興起した大乗《だいじょう》仏教の大きな原動力となった。

そして、中国に仏教が伝えられると、このストゥーパのミニチュアが楼閣状の重層の建物の上に載せられるようになった。五重塔や三重塔の天辺《てっぺん》に載せられている相輪《そうりん》というものがストゥーパのミニチュアに当たる。だから、日本で見られる五重塔などは仏舎利塔で、仏舎利を納めた墓標なのである。

卒塔婆、塔婆については、日本では長細い薄板に戒名や年月日などを書いた板塔婆《いたとうば》がおそらく室町時代ごろに考案された。これは日本独自のもので、『法華経』に立派な多重塔を作ることには多大な功徳《くどく》があるが、子どもがいたずらに砂の上に塔の絵を描いても多重塔に勝るとも劣らない功徳がある、と説かれていることに基づくといわれている。

室町時代に庶民の間に仏教が普及すると、天皇や貴族、あるいは武将のように五重塔のような大掛かりな塔を建立することはできない。そこで、誰でも気軽にたてられる板塔婆が考案されたのだろう。それにしても、板塔婆はその大きさも形状もストゥーパとは似ても似つかない。上の方に切り込みを入れて梵字を書き、それが物質の五元素である「地《ち》水《すい》火《か》風《ふう》空《くう》」を表すのだなどといわれているが、これは密教の後講釈である。

それに墓標としては墓石が立っているにもかかわらず、板塔婆は墓石の背後にたてられる。板塔婆の起源は墓標（墓所）としてのストゥーパ（卒塔婆）ではなく、亡き人の霊の依代としての意味合いが強いと考えられるのである。そうすると、ここでもやはり、遺体は墓に埋葬されるがその霊は墓を抜け出して空中を浮遊し、遺族や縁者が彼岸や年忌法要のときなどに依代としての板塔婆をたてると、それを目印に降りて来て供養を受ける。つまり、祭礼のときに神が降りて来て饗応を受けるのと同じことが行われるのである。

このように見て来ると、板塔婆の起源は神籬で、弔い上げのうれつき塔婆にヒントを得たものだったのではないだろうか。また、室町時代には大鋸《おが》（板を作るための大型の鋸《のこぎり》）が開発され、薄板の作成が容易になって大量生産が可能になった。大鋸ができる以前には斧《おの》などで木を割り、手斧《ちような》で表面を削った上で槍鉋《やりがんな》で仕上げを掛けなければならなかった。これではコストも高くつき、法要の度に何十本もたてられる板塔婆の需要に応《こた》えることができない。

大鋸の出現による製材技術の発展に伴って、それまで四面の一部だけを削って戒名などを書いていたうれつき塔婆が板塔婆になったのではないだろうか。そして、上にいくつかの切り込みを入れるのも地水火風空を表すのではなく、うれつき塔婆の上部の枝葉を意味していたのではないか。

いずれにしても板塔婆の根底には、山の神（氏神）に対する信仰があったことは間違いないだろう。

神社の祭礼と盂蘭盆会

神社の祭礼は通常は年に一度、二日間にわたって行われる。ただし、現代では二日間という感覚だが、江戸時代までは一日は日没から次の日の夜明けまでだった。令和

東京浅草の三社祭

元年に行われた大嘗祭《だいじょうさい》も夕刻から翌朝までを一日として行われた。神社の祭礼もこの古い一日に倣ったものであるが、今は一日目の朝から翌日の夕刻近くまで行われるのが通例である。

祭礼の日には、集落の近くの山頂に降りて来た神（氏神）が、神籬《ひもろぎ》をたよりにさらに里宮に降りて来て村人たちの饗応を受ける。先《ま》ず早朝、神社に氏子たちが集まって「神迎えの神事」を行って降臨してきた神を本殿に迎え入れる。その後、神饌を供え、巫女《み こ》舞《まい》を舞い、祝詞《のりと》を読んで饗応する。宵宮《よいみや》（祭当日の夜）には神楽《かぐら》などが演じられるが、これも神に対する饗応である。

翌日には神霊を乗せた神輿や山車が氏子の住まう地域を練り歩く。これは氏神の神威《しんい》（神のエネルギー）を氏子が住まう地域に振り落とす意味があり、神輿を荒々しく揺り動かしたり、猛烈な勢いで山車を走らせたりするのは神霊の力をよりパワフルにするためであるといわれている。神霊は荒々しく扱えば扱うほどパワーが増すと考えられているのである。この神輿の渡御《とぎょ》や山車の巡幸が終わった二日目の夕刻には、拝殿に氏子が集まって「神送りの神事」が行われ、氏子たちが直会《なおらい》（次ページを参照）を行って例祭は終わる。

いっぽう、盂蘭盆会《うらぼんえ》（お盆）は初日に迎え火を焚《た》いて聖霊《しょうろう》（先祖の霊）を迎える。この迎え火を焚くことが神社の祭礼に於《お》ける「神迎えの神事」に当たる。精霊を迎えた各家には僧侶がやって来て棚経《たなぎょう》（盆棚の前で上げる読経《どきょう》）を上げ、料理を作って仏前に備える。棚経は祭礼の祝詞などに当たり、料理は神饌に当たる。

神饌と仏飯

かつては御馳走《ごちそう》が出ると「盆と正月が一緒に来たようだ」といったが、正月は来臨する歳神《としがみ》に、盆は聖霊に、普段は口に入らないような特別な料理を作って供え、それを参集した人々が一緒に食べる。本来の直会は民俗学の用語で「神人共食《しんじんきょうしょく》」といい、神と人間が同じもの（神饌《しんせん》）を食べる神事だった。

これは神のお下がりを食べるという意味ではなく、神が食べ始めたのを確認した上で食べるのである。「いただきます」という言葉は神に対するものなのだ。では、神が食べ始めたことをどうやって確認するかと言えば、これは地方によっていろいろなやり方があるようだ。例えば静岡県の浜松のある地方では、神饌を木の器に盛り、氏子たちにも同じ料理が出される。熱い汁などを入れた木の器が膨張して微《かす》かな音を立てる。一同は全神経を集中させてその音を待ち、音がすれば神が食べた証拠だといって一斉に手を付ける。こういった方法が取られていたそうである。(柳田国男『日本の祭』より)。

今は例祭の後の打ち上げのようになっているが、本来、直会は上述したように神と氏子が同じもの(神饌)を食べる厳《おごそ》かな神事だった。日本では仏前に供える食事を「仏飯《ぶっぱん》」と呼んで、今も毎日仏壇に供えているところもあるようだ。もともと仏飯は釈迦に食事を供したのが起源といわれているが、これは釈迦が托鉢《たくはつ》しているときに信者が供えたのであって、今もタイやミャンマー(ビルマ)などの小乗仏教の国では、修行僧が毎朝托鉢に出て信者から食べ物の寄進を受ける光景が見られる。これは生きた人間に食物を供するのであって、仏飯は亡くなった人の霊に対して供えるものである。日本の神霊は基本的には亡くなった先祖の霊である。従って仏飯は仏教の慣習に基づくものではなく、神饌に起源を持つものと考えることができる。

また、神は山頂のような高いところに降りる性質を持っており、神饌も高く盛り付ける。そして、今も仏前に供える飯はできるだけ高く盛り上げ、上に箸《はし》を刺したりする。これを見ても神饌に基づいて仏飯の慣習が生まれたことが分かる。

これまで見てきたことから分かるように、神社の祭礼と盆はほぼ同じプログラムで行われる。どちらも先祖の霊を迎える行事であり、異なるのは迎える霊が先祖の集団の霊か個人的な霊かという点だけだ。古くから行われていた祭礼を模範として、仏教的にアレンジされたのが盆の行事なのである。

前にも触れたが、祭礼の主役の神は集落近くの山頂から昇天し、過去の先祖の霊と合体して「氏神」と呼ばれる。だから、同じ集落の住民（氏子）全員が先祖の霊を丁重に迎えて饗応したり祈願したりする。日本古来の神に対する信仰（いわゆる神道）は、もともと集団の信仰でその安全や福祉を神に願うものなのである。

いっぽう、仏教はキリスト教などと同じく、個人の心の救済を求める宗教である。しかし、その霊もやはり集落の近くの山頂から昇天した霊で、もともとは氏神と変わらない。どちらも山に降りて来る神なのである。

山頂に降り立った神は、神社の祭礼では神籬《ひもろぎ》（身体）を依代《よりしろ》（目印）として神社に依り付いてくる。これに対し、盆の聖霊はいちど集落の菩提寺《ぼだいじ》に集結する。このとき、本堂の軒先に吊《つ》るされた吹き流しのように数本の緒を長く引いた多面体の提灯《ちょうちん》（地方によって形状などは異なる）を目印に集まってくる。さらに各家の聖霊ごとに、墓に据えられた盆提灯を目印に各家の墓所に行き、そこから各家の人々が提灯を持って先導し、最終的に迎え火が焚かれている家に収まる。家々では先祖の霊を迎えて経を上げ、特別な料理を供えて饗応し、家族の無事や幸福を祈願する。

山につながる「盆道」

最近では見られなくなったが、かつては盆を前にして「盆道《ぼんみち》」というものが整備された。氏神が降りて来る山に向かう道を綺麗《きれい》に掃き清め、沿道に花を飾るのである。これは山岳修行で今も行われている「供花行《くげぎよう》」と呼ばれるもので、夏の山に入る修験者（山伏）が山内の要所要所に花を供えて歩く行いである（五来重著『山の宗教』より）。

江戸時代には山伏が農村部や町にやって来て病気平癒の祈禱や厄払いなどを行い、民衆と親しく交わるようになった。おそらく「盆道」に花を供える習俗も山伏たちの指導で始まったものと考えられる。

また、高野山《こうやさん》では毎年八月に「万燈万華会《まんどうまんげえ》」という法会《ほうえ》が営まれている。これは天長《てんちよう》九年（八三二）に弘法大師《こうぼうだいし》空海《くうかい》が始めた法会で、山中にたくさんの花と燈明が供えられる。弘法大師は若いころ各地の霊山で山岳修行を行っていたが、大師が活躍した平安時代のはじめには、すでの多くの山岳修行者が存在していた。そして、彼らは仏教や神道をミックスした独自の教理や儀礼を整えていた。修行で巡る山中に花や燈明を供えるという風習も、すでに弘法大師のころには定着しており、これに範をとって行われるようになったのが高野山の「万燈万華会」であると考えられる。

ところで、「万華」の「華（ハナ）」は「花」ではなく「鼻」の意味であると考えられている。つまり、木の枝の鼻、「先」という意味で、松や榊のような常緑樹の葉のついた枝という意味である。古くは神仏に供えるのは常盤木《ときわぎ》（常緑樹）で色花は用いない。今も神前には榊を供え、高野山や比叡山《ひえいざん》では仏前に槙《まき》（高野槙）や松を供えており、また一般にも樒《しきみ》を供える習慣がある。常盤木は色花よりも格上で価値が高いという認識があったのである。

このように見て来ると、ここで供えられるハナは神籬《ひもろぎ》（依代）の意味であり、やはり山頂に降臨した神の目印になるものだったことが分かるのではないだろうか。

さらに「万燈」はハナと共に火を供えるのである。今も神社や寺には「常夜灯《じょうやとう》」という燈籠《とうろう》が立っているが、神仏に火を供えるのも古くからの慣習だった。神仏を歓迎する意味があり、今でも夜、客を招くときに門や玄関の照明を点《つ》け、室内も目一杯明るくして迎えるのと同じことである。ましてや神仏は限りなく尊い存在なので、精いっぱい明るくした上で迎えたのである。

このように上に火を捧《ささ》げるという風習は世界中にある。キリスト教やヒンドゥー教などでも火は欠かすことができない存在で、もちろん、仏教でも燈明を上げることは必須《ひっす》である。そして、神などの神聖な存在に火を上げるということは、仏教やキリスト教が興る以前の、つまり宗教以前の信仰と見ることができるだろう。その原初的な信仰に対し、仏教やキリスト教などが後付けでいろいろと説明を付けたのである。

今も山伏は峰入り修行《みねいり》（山に入って修行すること）のときに、柴燈護摩《さいとうごま》という特大の護摩を焚く。これは丸太をキャンプファイヤーのように高く組み上げて焚く大掛かりな護摩で、死者の霊は護摩の炎を目印に山の頂上を目指し、昇天するという。また、回峰《かいほう》の途中の靡《なび》き（神聖な場所）で野護摩を焚く。これも神霊の目印になるものである。

那智《なち》（熊野）の火祭や東大寺のお水取りの御松明《おたいまつ》なども、古来の火を焚くという信仰に基づくものと考えられる。このほかにも日本には火を焚く祭は多く、その祭は冬に行われているものが多い。これは冬至のころに弱まる太陽の光を火によって活性化させる意味があるのだろう。そして盆に迎え火を焚くのも、神を迎える風習が仏教的に説明されていることは明らかである。

海水を供える風習

毎年、九月一四日から一六日の三日間、鎌倉の鶴岡八幡宮《つるがおかはちまんぐう》で例大祭があり一六日には恒例の流鏑馬《やぶさめ》神事が行われる。このとき、狛犬《こまいぬ》や鳥居の下など境内のあちらこちらにワカメなどの海藻が供えられる。

古くから神社の例祭には海水を撒《ま》いて清めるという習慣があった。鶴岡八幡宮の例大祭に際して海藻を供えるのもこの習慣に基づいたもので、海に行ってきた証拠に海藻を供えているという。鶴岡八幡宮のように、近くに海があるところでは容易に海水を汲《く》んでくることができるが、山間部の神社などでは海までかなり離れている。それでも海水を汲んできて清めるという風習は、全国各地に広まっていたようである。

とくに山間部のムラでは、海まで何日も歩いて行って海水を汲んでくるところが少なくなかったようだ。持ち帰った海水は神社に撒くだけではなく家々に配り、各家ではそれを神棚に供えるとともに、専用の桶《おけ》に保管しておいて家内や庭などに撒いて清めた。今でも神棚に置く神具の中に「塩湯器《えんとうき》」という丸形の蓋《ふた》つきの容器がある。神具にはほかに「かわらけ」という小皿があり、ふつうはこちらに塩を盛っているが、本来は塩湯器の海水を入れて供えたのである。また、塩湯器の蓋は半分ほどずらしておく。おそらくこれには、海水を神に見せて海水を確かに持ち帰った証拠とする意味があるのだろう。

山間部に住む人々が何日もかけて海水を汲みに行くのは、もちろん塩が人間が生命を維持するのに欠かすことができないという現実的な意味もあるだろう。また、科学的にも塩には殺菌作用もあり、塩漬けや漬物など食物の保存にも欠かすことができない。

このように塩は早くから神聖視され、神事や祭事には不可欠の存在となり、今も神饌には必ず塩を供える。海から遠く離れた山国では、塩はとりわけ貴重で神聖なものだったことはいうまでもない。そして、苦労して運んできた海水を山の神に供えることによってその加護を願ったのである。

山の神に対する素朴な信仰

先にも述べたように、先祖の霊は集落の最寄りの山頂から天上界に昇り、先に昇天した先祖の霊と合流する。これが氏神で、もともと山に降臨してくる山の神である。この神について民間では古くからさまざまな信仰が生まれ、それに伴う山の神のイメージが創り上げられてきた。

そしてこれは民間の俗信であるが、山の神は極めて不器量であるという考えがある。これは記紀神話の中で、日向（宮崎県）の高天原《たかまがはら》に降臨した天孫瓊瓊杵尊《ににぎのみこと》が、日本の山の神の総元締めである大山祇命《おおやまつみのみこと》の娘の木花咲耶姫《このはなのさくやひめ》に出会って結婚するのだが、大山祇命は木花咲耶姫の姉の石長姫《いわながひめ》も一緒に貰《もら》ってくれるようにという。しかし、木花咲耶姫が絶世の美女なのに対し、石長姫は極めて器量が悪い。そこで、瓊瓊杵尊は木花咲耶姫だけを娶《めと》るのである。

このとき、父の大山祇命は妹の木花咲耶姫は絶世の美女ではあるが、木の花のように速やかに散ってしまう。いっぽう、姉の石長姫は器量は悪いが身体は丈夫で長寿を保つ。だから、皇室の子孫が代々、美しさと健康、長寿を具《そな》えるように二人一緒に貰ってくれるように勧めたにもかかわらず妹だけを妻にした。今後は天皇家の寿命はだんだんと短くなっていくだろうといったという。

この石長姫の話が民間に流布し、山の神は器量が悪いという信仰が山間部を中心に広まったのかもしれない。また、かつて日本中のほとんどすべての山は女人禁制で、女性の入山を厳しく禁じていた。しかし、古くは山の神に女神が少なくなかったのである。たとえば、高野山の地主神は丹生都比売命《にうつひめのみこと》、白山の神は白山比売命《しらやまひめのみこと》である。また、日光や筑波山には男体山《なんたいさん》に対して女体山《にょたいさん》があり、埼玉県大宮の氷川《ひかわ》神社は、同じ埼玉県の見沼《みぬま》というところに氷川女体神社がある。

このように、山の神は基本的に女性でしかも極めて不器量だと考えられていた。だから美しい女性が山に入ると嫉妬《しっと》し、嵐を起こしたりして人々に襲い掛かる。それで女人禁制にしたというのが民間の俗説である。

また山間部に住む人々の間には、女神である山の神は男根を好むという俗信もある。数人の若者が山仕事などで山に入って天候が悪くなったときに、彼らは男根を露《あらわ》にして山に向かって大笑いをする。それを見た山の神が喜んで天気が良くなるという俗信があったという。

この話から思い浮かぶのが、京都北部の由岐《ゆき》神社の「鞍馬《くらま》の火祭」である。由岐神社は鞍馬寺の鎮守社で、火祭は毎年一〇月二二日に行われる。大勢の氏子たちが大松明を担いで鞍馬の集落内を練り歩いた後、参道の石段のところで松明を一ヵ所に集めて焼き捨てる。その後、男たちは本殿に登り、今度は神輿を担いで参道を下って来る。その時、褌《ふんどし》に半纏《はんてん》を着た二人の青年が両足を思い切り開いて股間《こかん》を露にし、大勢の男たちに支えられて担ぎ棒にぶら下がって参道の石段を下りて来る。

由岐神社の祭神は大己貴命《おおなむちのみこと》と少彦名命《すくなひこなのみこと》で二柱とも男神である。しかし、由岐神社の由岐とは「靫《ゆき》」という弓を入れる武具(矢立)のことで、もともとの祭神は現在も通称になっている「靫明神」である。古くから天皇の病気や天災地変などに際して宮中で神前に靫を献じて平穏無事になるように祈願が行われたという。

そして平安時代に大地震が起こり、平将門《たいらのまさかど》の乱も重なった天慶《てんぎょう》三年(九四〇)に天皇の勅命で鞍馬山に鎮座した。都の鬼門(北)に位置する鞍馬寺は平安京の守護として創建されたが、その鎮守として遷座されたのが由岐神社だった。ただ、山の神が元来女神だったとすれば、前述したように、若者が両足を広げて下って来るのも山の神を喜ばすためだったのかもしれない。

山の神のイメージ

山は他界であり魔界である。だからそこに住む神も恐ろしい神で、その怒りに触れると様々な災いを被るという共通の認識があった。そこで、鬼や天狗、山姥《やまんば》、雪女などのさまざまな恐ろしい姿が創り上げられていったのである。また、キツネやカラスなどが山の神の使者と考えられるようになった。全国に広く分布するキツネが人を化かすという話はキツネの特異な習性に依るところもあるが、それよりも山の神の使者という性格に由来するものだろう。

このような魔物が棲む山に足を踏み入れることはタブーとされていたが、山仕事や山越えをして遠方に行くときには、どうしても山に入らなければならないこともあった。また、山の神は怒りっぽく人間の言動が気に入らないと暴風や雪崩などを起こす。そこで、とくに山国に住む人々は神の逆鱗《げきりん》に触れないように、さまざまなタブーや掟を作ってきた。

たとえば、山仕事に入る人々は、山中では「山言葉」という隠語を使ったと鈴木牧《すずきぼく》之《し》の『北越雪譜《ほくえつせっぷ》』に見える。鈴木牧之は江戸時代後半の越後《えちご》（新潟）塩沢《しおざわ》の商人だが、文人としても知られ『東海道中膝栗毛《とうかいどうちゅうひざくりげ》』で知られる十返舎一九《じっぺんしゃいっく》や『南総里見八犬伝《なんそうさとみはっけんでん》』の滝沢馬琴《たきざわばきん》などとも親しく交わり多くの著作を残している。『北越雪譜』は新潟の豪雪についての詳細な地誌・紀行で、山の民の生活や風習などが事細かに記されている。

多くの山言葉があるが、一礼を挙げれば、「風」は「そよ」、「米」を「草の実」、「味噌《みそ》」を「つぶら」といった具合である。山に入ったら必ずこのような山言葉を使わなければならない。うっかり里言葉を使うと、すぐさま山の神の逆鱗に触れると信じられていた。

同じく『北越雪譜』には、越後の頸城《くびき》郡松之山《まつのやま》というところにある菱山《ひしやま》では二月になると夜なかに限って雪崩が起き、その轟音《ごうおん》は周囲、一、二里(約四キロメートルから八キロメートル)に響き渡り、白装束を着た白髪の老人が雪崩とともに御幣を振りながら下って来る。そして、雪崩の下る方角によってその年の豊凶が決まるという。その豊凶の占いは必ず当たると村人たちは言っているという。

人々は夜の雪崩という不可思議な現象を山の神の仕業と考え、白髪の老人という山の神のイメージを創り上げたのだろう。

また、足柄山《あしがらやま》の金太郎も山の神の系譜に入る。山の神は斧を持つと考えられ、正直者が山中の池で金の斧を授かったなどという話が各所に伝えられている。これは斧を持つ樵から連想された山の神のイメージと考えられる。金太郎の他にも山伏の祖とされる役行者《えんのぎょうじゃ》の連れている前鬼《ぜんき》、後鬼《ごき》という二匹の鬼のうち、前鬼は斧を持ち後鬼は水瓶《みずがめ》を持って行者に従っている。この前鬼が持つ斧も山の神のシンボルと考えられる。

〈山姥〉

昔話や説話にしばしば登場する山姥も恐ろしい山の神の一類である。山姥に関する伝説や説話は日本各地に点在するが、その容姿や性格についてはさまざまである。一般には白髪の乱れ髪で口の裂けた老婆だが、土地によっては極めて美形の女であるともいう。その所業は人を山中の小屋に引き入れ、寝込みを襲って喰《く》らう、といわれている一方で、山中で迷子になった子どもを助けて無事に家まで送り届けたりもしている。また、金太郎の母は山姥であるといわれている。山姥は多産で難産であるといわれ、数万人の子どもを産んだという伝説も伝わっている。これは釈迦や聖徳太子《しょうとくたいし》の、母親が気づかないうちに生まれてきたという話とは相容《あいい》れないものだが、金太郎のような怪異な力を持つもの、フィジカルの強いものは難産であるということなのかもしれない。ちなみに、役君母公尊《えんくんぼこうそん》と呼ばれて敬われている役行者の母親も山姥に近い存在である。

さらに、山姥の死体からは穀物や金銀、錦などの貴重な宝物類が生じたという話も各地に伝わっている。死体からさまざまな貴重なものが生じるという話は『古事記』の中にも見られる。オオゲツヒメという女神は、スサノオノミコトが空腹を訴えたときに口から食べ物を出した。それを見たスサノオノミコトは何という汚いところから食べ物を出すのだと言って激怒し、オオゲツヒメをズタズタに切り裂いて殺してしまった。するとその死体から五穀が生じたという。また、イザナミノミコトの腐乱した死体からも五穀が生じたという話がある。こういった『古事記』の話などが、後に山神の正体に影響を与えていったものと考えられる。
　そして、これらの山姥の話を伝えているのは山間部に住む人々だが、話の出どころは山間部の集落に出入りする行商人などである場合が多い。本来、立ち入ることがタブーとなっている山に仕事上入らなければならない彼らは、始めから山には異形《いぎょう》のものがいるという先入観があったのだろう。そして、山で迷ったり嵐にあったり、何か不思議な事や恐怖に遭遇すると、そこに山姥の姿を想像したのではないか。
　また、山姥とともに「雪女」の話を伝えているところもあるが、これは当然のことながら東北地方などの積雪地帯に限られている。雪の深い山間部では吹雪や寒さで凍死するものも少なくなかった。その死に至らしめるものを擬人化したものが雪女と考えられ、これも山の神に類似するものと見ることができるだろう。

〈天狗〉

　山姥とともに山神の存在を象徴的にあらわしたものとして天狗がある。「天狗」という言葉自体は中国に起源を持ち、流星を意味したらしい。これが日本にも伝わり『日本書紀』にも「天狗」という言葉が見える。しかし、日本では流星の意味でとらえられることはなく、平安時代の中期以降、山岳信仰が盛んになっていくと次第に山を駆け巡る山伏とイメージが重なってくる。天狗が山伏の姿をしているのはそのためである。

魔界（山中）で厳しい修行をした山伏は、仏教で説く煩悩の一つである増上慢《ぞうじょうまん》に陥っている。そのため、厳しい修行に耐えたことから地獄には堕《お》ちないものの、成仏する（悟りを開く）こともできず、地獄・餓鬼・畜生・修羅・人間・天上からなる六道《ろくどう》とは別の第六天《だいろくてん》という魔界に永遠に棲まなければならないとされている。このことから、鞍馬天狗で知られる京都の鞍馬山の主が「護法魔王尊《ごほうまおうそん》」と呼ばれているのである。

平安時代末に編纂された『今昔物語集』などにも天狗に関する説話が多く収録されており、羽が生えて空中を飛翔する天狗の姿が素描されている。また、修験者（山伏）はもともと正式に出家、受戒した僧侶ではなく、いわばアウトロー的な存在だった。それで、興福寺《こうふくじ》や比叡山などの正式な僧侶からは蔑視《べっし》されていたが、山伏は山伏で深山幽谷《しんざんゆうこく》で厳しい修行に耐えていることを自負し、大寺の学問僧を馬鹿にして対抗意識を燃やしていた。

このため、山伏はしばしば大寺の僧侶に論戦を挑むのだが、学問のない山伏は敗北を喫するのが常だったようである。このような山伏の独善的な態度は天狗の性格にも反映され、鎌倉時代に編まれた『天狗草子』にその様子が記されている。ただし、この書で天狗とされているのは、興福寺や比叡山といった大寺の僧が寄らば大樹の陰で驕慢《きょうまん》を誇る姿や、禅宗や浄土宗といった信仰の宗派が我が物顔で世間を跋扈する様子を天狗に例えて批判したものである。

鎌倉時代までに天狗の姿かたちや性格のイメージは出来上がっていたが、それが今日伝えられているような真っ赤な顔に高い鼻という姿になったのは室町時代のことと考えられている。これは修験道が一宗派として独立し、山伏が先達《せんだつ》となって講中《こうじゅう》を霊山に引き連れていくなど、山伏と一般民衆との交流が盛んになってからのことである。

天狗は山姥と同じ様に必ずしも人間に害を加えるばかりではなく、ときには山中で迷っている人を助けたり財宝を授けたりといったこともする。また、数は少ないが女性の天狗（尼天狗）の話も伝わっており、『枕草子』の著者として知られる清少納言《せいしょうなごん》も尼天狗だったといわれている。自分の知識などをひけらかして慢心することを「天狗になる」というが、天狗は自らの力量を過大評価して人を小ばかにするという性格を持っている。これは先にも述べたように山伏の特性でもあったのだが、『枕草子』を読めば分かるように、清少納言も自分の知識や評価を絶対的なものとして他言を挟むことを許さない。

また、幕末の国学者・平田《ひらた》篤胤《あつたね》は『仙童寅吉物語《せんどうとらきち》』という書を著して天狗について詳しく述べている。これは、仙童と呼ばれた寅吉という七歳ぐらいの利発の少年が山中の天狗の住処《すみか》に行った時の様子を語ったものを筆録したものである。今の上野に住んでいた寅吉少年は、近くの五條天神《ごじょうてんじん》（上野動物園近くにある天神社）によく遊びに行っていた。神社の境内にはさまざまな露店が出ていたが、その中で骨董《こっとう》を並べて商う老人がいた。その老人は夕方になると売り物の骨董を片付けはじめ、商品を次々と口の細い瓶の中に放り込んで、最後には自分もその中に入ってしまう。そして、寅吉が固唾《かたず》を呑んで見ていると瓶が揺れ出し浮き上がり飛んで行ってしまう。毎日、五条天神に通って不思議そうに見ている寅吉に、ある日、老人が「お前も一緒に行くか？」と声をかけた。怖さよりも興味に駆られた寅吉は老人の誘いに従うことにした。

するとあっという間にどこかの山中に着いた。そして、そこには一人の大天狗の下

小早川隆景 彦山ノ天狗問答之図
（月岡芳年「新形三十六怪撰」／国立国会図書館デジタルコレクション）

で大勢の烏天狗《からすてんぐ》が忙しく立ち働いていたという。帰りは再び瓶の中に入って老人が家まで送ってくれた。そして、老人は山中で見聞きしたことを決して他言してはならないと、きつく戒めて遠くの空に飛んで行ったというのである。
この噂を聞いた平田篤胤は、寅吉をあの手この手で宥《なだ》めすかしてやっとのことで天狗の話を聞きだしたという。もちろんこれは現実にはあり得ない話だが、江戸時代には山間部だけではなく、都市部にも天狗の存在が知れ渡っていたことを示すものである。

山の神の使い

キツネや狼、鹿や蛇など山の神にはさまざまな生き物が従っている。これらの生き物は「神使《しんし》」「使わしめ」と呼ばれ、文字通り神の使いとしての役割を果たすと考えられている。

〈狐〉

「神使」として最もポピュラーなのがキツネで、稲荷《いなり》神の使いとして良く知られている。稲荷神の正体は良く分からないが、宇迦御魂《うかのみたま》、保食神《うけもちのかみ》などといわれる食物、特に稲の霊とされている。「宇迦（ウカ）」とか「保（ウケ）」という語は食物、とくに米のことで、日本では古くから米の中に「穀霊」という神霊が棲むと考えられていたことから宇迦御魂、保食神はその穀霊を神格化したものと考えられている。

古くはイナリは「稲成」の字を用い、稲を生長させるという意味だったが、時代が下るとたわわに実った稲束を担ぐ姿から連想して、「稲荷」の字を当てるようになったと考えられている。

また稲荷神は冬季には山に棲んでいるが、春先に山から降りて来て農耕の手伝いをし、収穫が終わるころには山に帰ると考えられていた。したがってこの神も基本的には山の神なのである。そして、春に発情期を迎え人里に降りて来て甲高い声で鳴くキツネが田の神である稲荷神と関連付けて考えられ、稲荷神の使わしめとして従うようになったのである。

稲荷社のキツネ（東京都港区／伏見三寳稲荷神社）

さらにキツネはその特異な習性から、インドの荼枳尼天《だきにてん》と結び付けられた。荼枳尼天は人の死を六カ月前に察知し、その人が亡くなると心臓を抉り出して食べるという鬼神で、日本には仏教伝来にともなって伝えられた。この荼枳尼天の性格が死肉を漁《あさ》るというキツネの性格と結び付いたのである。

このように、稲荷神は田の神、キツネ、荼枳尼天と結び付いて極めて複雑な存在となった。そして、室町時代の末ごろにはキツネが稲荷神自体であると考えられるようになり、キツネは極めて神秘的な動物との認識が全国的に広まった。このため、キツネに化かされたなどという話が多く語られるようになったのである。キツネに化かされたという話は山間部に圧倒的に多いが、それが山伏や各地を巡って商いをする行商人などによって、江戸や大阪などの都市部にも伝えられるようになったのである。

江戸時代になると、キツネが人間に憑依《ひょうい》するという「狐憑《つ》き」という現象が世間を騒がせるようになった。これは一種の精神的な錯乱状態であるが、それが霊妙なキツネの霊が取り付いたと見なされたのである。そして、そのようなキツネの霊を取り除くという「稲荷下げ（憑き物落とし）」なる行いが江戸や大阪などの都市部で流行した。

このような「狐憑き」や「稲荷下げ」を広めたのは、主に長野県の飯綱《いいづな》山の山伏たちだった。飯綱山は古くから山岳信仰の聖地として栄え、多くの修験者（山伏）が参集して独特の修験道を確立していた。飯綱山の主尊を「飯綱権現」といい、甲信越《こうしんえつ》から関東一円にも広く知られており、東京の高尾山も飯綱権現を祀っている。この山の山伏は「飯綱使い」と呼ばれ、江戸に出て「稲荷下げ」を行った。

彼らは竹筒の中に「イヅナ」と呼ばれるこよりのように編んだ藁《わら》縄を入れ、それを精神的に病んでいる人の肩や首などに巧みに這《は》わせてキツネの霊の存在を暗示する。そして狐憑きであることを本人や家族に告げて、祈禱を行って憑き物を落とすというのである。しかし、この稲荷下げはかなりの荒療治で死者が出ることもあった。山伏が峰入りのときに行われる「南蛮いぶし」というものが行われたのである。これは行者を密閉した暗い部屋に入れて、火鉢にトウガラシやニンニクなどの刺激の強いものを投げ入れ、煙を出して行者に吹きかける。行者は地獄の苦しみを味わった上で峰入り修行に入るのである。

稲荷下げの場合は患者とされた人を柱などに縛り付けて燻《いぶ》し、刺激の強い煙でキツネの悪霊を追い出そうとしたのである。しかし、あまりの煙たさに山伏も戸外へ逃げ出し、取り残された患者が死亡するという事故もあり、幕府が厳しく取り締まったといわれている。この飯綱使いについては、江戸時代に菅江真澄《すがえますみ》が著した地誌的紀行『菅江真澄遊覧記』にも見えるので、江戸ばかりではなく東北地方にも広まっていたことが分かる。

〈狼〉

かつて日本狼は各地の山に棲息していたが、明治の末年に絶滅したとされている。オオカミは世界中で信仰の対象になっているが、日本でも古くからオオカミ信仰があった。オオカミの語源は「大神」といわれ、トラやライオンがいない日本では動物界の頂点に立つもので、神使（使わしめ）というよりも神そのものとして崇《あが》められていた。『日本書紀』では「貴神（貴い神）」と表現され、早くから神格化されていたことを示している。

オオカミが神格化されたのは他の獣を圧倒するパワーに着目したためで、その力を借りてさまざまな災厄を払い除《の》けようとした。幕末にコレラが流行したときには、オオカミの骨が呪術の具として用いられたと伝えられており、そのために乱獲されて激減し絶滅の原因にもなったという。

東京奥多摩の武蔵御嶽《むさしみたけ》神社や埼玉県秩父の三峯《みつみね》神社では、社前に一対のオオカミが眷属《けんぞく》として祀られており、関東一円にオオカミ信仰が広まっていたことが分かる。三峯神社の祭神はイザナギノミコトとイザナミノミコト、御嶽神社の祭神はオオナムチノミコトとスクナヒコナノミコトとなっているが、古くは山の神としてのオオカミを祀ったのではないか。

また、御嶽神社の境内社・皇御孫命《すめみまのみこと》神社の神門の両側には、狛犬の代わりにイノシシの石像が祀られている。なぜイノシシなのかははっきり分からないが、畑を荒らす害獣とそれを駆除するオオカミとの関係があるのかもしれない。あるいは害を及ぼす凶暴なイノシシを祀り鎮めることによって、逆に福をもたらしてくれるとの考えからかもしれない。京都の護王神社《ごおう》も狛犬の代わりにイノシシを祀ることで有名である。こちらは祭神の和気清麻呂《わけのきよまろ》が旅の途中で足が不自由になったときに、イノシシが現れて助けてくれたというエピソードにちなんだものである。

日本の神は「和魂《にぎみたま》」と「荒魂《あらみたま》」という二つの性格を同時に持っている。言うまでもなく、前者は温和な優しい性格で後者は荒々しく獰猛《どうもう》な性格である。そして、さまざまな災厄をもたらす荒魂を宥め鎮めることによって、和魂になりわれわれにさまざまな利益をもたらしてくれるという。

オオカミ信仰は、このような日本の神に対する信仰の典型である。荒魂としてのオオカミは人や家畜を襲うなどの危害を加えるが、それを宥めすかして上手《うま》く共存すれば、逆に畑を荒らす害獣を駆除するなどの恩恵をもたらしてくれる。

〈猿〉

猿も山の神として早くから信仰されてきた。中国では神という文字は申《さる》の姿を借りて占いの結果を示すことから作られたという伝説があり、太古の昔からサルは神と深く関わっていたらしい。

比叡山の鎮守である日吉大社の祭神は大山咋神《おおやまくいのかみ》という山の神であるが、この山の神に従うのが猿で、日吉大社の神前には一対の猿が狛犬の代わりに祀られている。日吉大社の祭神は、もとは「日枝《ひえ》の神」といわれ比叡山の地主神だった。そして平安時代のはじめに、伝教《でんぎょう》大師最澄《さいちょう》が中国の天台山《てんだいさん》から「山王《さんのう》」という天台山の守護神を勧請《かんじょう》した。「山王」は天台宗の根本経典である『法華経』の守護神で、山形の立石寺《りっしゃくじ》や埼玉県川越《かわごえ》の喜多院《きたいん》など天台宗の主要寺院の鎮守として祀られる。

『日本霊異記《りょういき》』には、琵琶湖を挟んで日吉大社の対岸にある近江《おうみ》富士と呼ばれる三上山《みかみやま》に、インドの国王の生まれ変わりと称する猿がこの山の守護神として鎮座したという説話が掲載されている。日本の山の神がわざわざインドからやって来たというのは奇異な話だが、インドのヒンドゥー教の『ラーマーヤナ』という叙事詩の中に、主人公のラーマ王子を助けて勝利に導くハヌマーンという神猿（猿の神）が登場する。この話が仏教とともに伝えられて、琵琶湖周辺の猿に対する信仰と結びついたのではないだろうか。

日吉大社以外にも京都の猿丸《さるまる》神社や八坂庚申堂《やさかこうしんどう》、赤山禅院《せきざんぜんいん》、伊勢の猿田彦《さるたひこ》神社など猿を祀る神社は少なくない。また、日光東照宮《とうしょうぐう》の神厩舎《しんきゅうしゃ》（神馬の厩舎）の壁には「見ざる言わざる聞かざる」のいわゆる「三猿《さんざる》」の彫刻が施してある。これはかつて猿回しが厩の清掃を行って祓い清め、同時に馬のケガや病気の治療にあたっていたことから、厩の守護として描かれたものである。

体型や風貌《ふうぼう》が人間に近似している猿は、他の獣に比べてはるかに高い知恵を持っている。そんな猿が山中を自在に駆け巡る姿は人々に山の神の使い、さらには山の神そのものであるとのイメージを抱かせたのだろう。

〈鹿〉

奈良の春日《かすが》大社の祭神は、神鹿《しんろく》と呼ばれる鹿の背に乗って降臨するとされている。もともと春日大社の祭神は茨城県の鹿島《かしま》神宮に祀られていたものだったが、七一〇年の平城京遷都に伴って奈良まで鹿の背に乗ってやって来て遷座した神である。

鹿島はその名が示す通り鹿の多い土地柄で、古くから鹿島の神は鹿の背中に乗ってやって来ると考えられていた。神霊は白鹿《はくろく》という神使に乗せられたというが、おそらく数十頭という多くの鹿とともに旅をしたのではないだろうか。今、奈良のシンボルともなっている鹿は鹿島から連れてこられた鹿の子孫である。

鹿の中でも白鹿（白い鹿）が特に神聖視され、白鹿が出現した話は各地に点在している。また、東北地方では白い熊の目撃譚《たん》も二、三、残っており、白熊も神使と考えられていた。滋賀県と岐阜県の県境にある伊吹山《いぶきやま》の山麓の能褒野《のぼの》というところで最期を遂げた日本武尊《やまとたけるのみこと》は、白鳥となって西の方へ飛んで行ったという話が記紀に掲載されている。この白鳥は白鷺《しらさぎ》などと考えられるが、日本武尊は白鳥という神になったということである。

『菅江真澄遊覧記』には、夜祭のある日には必ず鹿が山から出て来て踊り回るという話が記されている。これは真澄が岩手県で聞いた話としているが、土地の人は夜祭に必ず現れるという鹿が山神の使いと考えていたようである。そして、半分、居眠りをしていた老人が獅子舞《ししまい》は鹿が戯れ踊る様子を真似て行われるようになったと言っていたことを付け加えている。古くは鹿のことをシシ（宍《しし》）といったのである。

また、丹後《たんご》半島の天橋立《あまのはしだて》の近くに成相山《なりあいさん》という山があり、その中腹に成相寺という西国三十三観音霊場、第二十八番札所の寺がある。縁起によれば、この寺で修行を続けていた真応上人《しんおうしょうにん》という人が雪に閉じ込められて、里に下りることができず餓死寸前の状況になった。上人が本尊の観音菩薩《かんのんぼさつ》に食べ物を授けてくれるようひたすら念じていたところ、庵《いおり》の外に傷ついた鹿が倒れていた。空腹に耐えかねた上人は戒律を犯して鹿の腿《もも》の肉を削《そ》いで食べ、命をつなぐことができたという。やがて春になって本尊を拝んだとき、腿のところが切り取られていた。それを見た上人は鹿が観音菩薩の化身であったことを悟り、木屑《きくず》を腿のところにつけると元通りの姿になったという。観音菩薩が元通りに成り合った（完成した）ということから、寺号を成相寺としたという。

この話は鹿が仏（観音菩薩）の化身《けしん》（使い）だったということであるが、神仏習合《しんぶつしゅうごう》時代には仏と神は同じものと考えられていた。従ってこの鹿も成相山の山の神の神使と見ることができるだろう。

このほか、神使としては烏、雉《きじ》、蛇などさまざまな鳥獣がある。烏については熊野神社の三本足の八咫烏《やたがらす》が有名で、記紀神話の中では熊野に上陸した神武《じんむ》天皇を大和《やまと》まで導いたという話が語られている。雉は主人の命令に忠実に従う鳥とされ、記紀神話の中にも登場する。蛇に関しては世界中に蛇神信仰があり、日本でも古くからその信仰があった。伊吹山の神が蛇だったという話は記紀神話にも語られている。

このように鳥獣を神使、あるいは神霊そのものと見なすのは日本の神に対する信仰の中にアニミズム的信仰、言い換えれば宗教以前の信仰が色濃く残っていることを示すものである。

第二章　山岳信仰の整備と神仏習合

超人的なパワーを得られる山での修行

山は死者の赴く「他界《たかい》」であり、魑魅魍魎《ちみもうりょう》の跋扈《ばっこ》する「魔界」でもあり、人を近寄せない恐ろしい場所であった。その一方で山は雪解け水や雨水を麓《ふもと》の田畑にもたらして豊作を約束し、森林資源や鉱物資源が眠る宝の山でもあった。また、山の神が棲《す》むとともに魔の領域でもあった。

そんな他界であり魔界である山中に入って厳しい修行に耐えると、里では得られない超人的なパワーが得られるとして、山での修行に打ち込む人々が早くから現れた。比叡山《ひえいざん》の千日回峰行《せんにちかいほうぎょう》のように、彼らは山中をひたすら駆け巡ったり、山中で瞑想《めいそう》をするなどの修行に励んでいた。

このような山岳修行者は、おそらく仏教伝来（五三八年）以前から存在しており、時代とともに増加の一途を辿《たど》った。初期の修行者たちは、日本古来の神道や中国の民間信仰である道教《どうきょう》の神仙術《しんせんじゅつ》などを取り入れた修行を行っていたものと考えられている。

道教や儒教《じゅきょう》は仏教伝来以前に日本に伝えられていたと考えられており、今も仏教や神道、そして、民間信仰の中には道教的な思想や儀礼が見られる。たとえば、今も各地の神社仏閣で配られている「護符《ごふ》（お札）」は道教に由来するものだ。

神仙術とは簡単にいえば仙人になる術で、道教の経典に仙人になるノウハウが記されている。それによると、仙人になるためには先《ま》ず先輩の仙人の指導の下、山で植物や鉱物などの中から丸薬《がんやく》にする材料を探さなければならない。材料が揃ったら師匠の指導の下、丸薬作りに専念するとともに五穀断ちをして木の実だけで命を繋《つな》ぐ「木食《もくじき》行《ぎょう》」や山野を駆け巡る山林抖藪《とそう》の行に打ち込む。

後に「木食行」は仏教でも取り入れられるようになり、「木食」という名の僧も何人か存在する。また、木食は清貧に甘んじて修行に専念する聖僧に対する尊称で、高《こう》野山《やさん》が焼き討ちされそうになったとき、敵陣に単身乗り込んで講和の直談判《じかだんぱん》をして高野山を焼き討ちから救った木食応其《おうご》や、柔和な顔の仏像を造った仏師の木食などが知られている。

仙人になることを目指す山岳修行者は、長い時間をかけて丸薬を完成してこれを飲む。そして、完璧《かんぺき》な出来栄えの丸薬ができれば、不老長寿を得て空中をも飛翔可能な一人前の仙人になれる。しかし失敗すると、かなり長生きをすることができても寿命に限りがあったり、山中を人並外れて速く駆け回ることはできるが、空中を飛翔することのできない半人前の仙人になってしまうという。

そして、この丸薬造りのチャンスは一生に一回しかないので、ひとたび失敗すれば永遠に半人前の仙人の身に甘んじなければならない。彼らの目指すところは心身の完璧な自由で、仏教でいう悟りの境地に至ることだった。また、初期の山岳修行者は個人的な自由の獲得を目指し、他者の救済ということを考えていなかったが、後に仏教思想が取り入れられると、釈迦《しやか》のように悟りを開いた後での衆生《しゆじよう》救済を目指すようになったのである。

また山岳信仰には、当然のことながら神道の思想や一種の修行方法が取り入れられていた。神社を中心とする日本古来の神に対する信仰（いわゆる神道）の基層には、アニミズム（精霊崇拝）の思想がある。アニミズムは東西を問わず世界中の原始的な信仰の基底に潜在するもので、今も北米インディアンやイヌイット、ニュージーランドのマオリ族などの間で生き続けている。山や川、木や石などの外界のすべての自然物に精霊が宿り、丁重に敬うことによって精霊がわれわれ人間に幸福をもたらしてくれるというのである。

今も神社に行くと、神木や岩に注連縄《しめなわ》がかけられていたりするのはアニミズムによるものである。日本の場合はこのような原始的なアニミズムから発した神社が極めて特異な発展を遂げた。それが日本の神道の大きな特徴で、伊勢《いせ》神宮や出雲《いずも》大社といった巨大な神社で行われている神事や祭事は、すべてアニミズムの原型を留《とど》めている。今も山伏《やまぶし》（修験者《しゆげんじや》）が山中の特徴ある地形のところや巨木や巨岩の前で礼拝や祈禱《きとう》をするのも、アニミズムの信仰によるのである。

このように、初期の山岳修行者は道教の神仙思想や神道の思想や修行法を取り入れて徐々にその体裁を整え、やがて仏教とも深く結び付いて特異な発展を遂げてきたのである。

神仏習合とは何か

欽明《きんめい》天皇の七年（五三八）に仏教が伝来したとき、古代の有力豪族、物部《もののべ》氏と蘇我《そが》氏の間で仏教の受け入れに関した論争が起こった。物部氏は初代現人神《あらひとがみ》、神武《じんむ》天皇の時代から朝廷に仕えて軍事や神事を担当してきた豪族で、仏教の受け入れには大反対した。いっぽう、蘇我氏は渡来系の信仰の氏族で大陸からもたらされた最新の技術を駆使して産業を興して成功し、巨万の富を手中に収めていた。蘇我氏は物部氏のように強大な武力や宗教的な智慧も持ち合わせていなかった。

古くは祭政一致で「祭」はすなわち「政」だった。このことから宗教（祭）は権力と密接に結びつき、宗教的な主導権を取ったものが覇権を握ることになったのである。この宗教的な主導権を「祭祀権《さいしけん》」といい、古代の祭祀権は天皇が掌握していた。そして、物部氏は宮中の神事や祭事を司《つかさど》ることによって、天皇の祭祀権を補佐する立場にあったのである。

朝廷内に確固たる基盤を構築していた物部氏は、外来の神（仏）を受け入れれば日本の天神地祇《てんじんちぎ》（いわゆる八百万《やおよろず》の神）の怒りをかって疫病や天災地変に見舞われるだろうと頑強に反対した。

これに対して、蘇我氏には財力はあるが宗教のような文化的な背景がなかった。新たに入って来た仏教は、天皇家との関係を密にする上で願ってもないツールだった。そこで蘇我氏は、仏教は外国でも広く信奉されている宗教なので我が国でも受け入れるべきだと強く主張したのである。

この仏教受容を巡って両豪族の間で侃々諤々《かんかんがくがく》の議論が交わされたが、けっきょく、結論には至らなかった。またこれには欽明天皇もはっきりとした決断を下すことができなかった。当時は大和朝廷が権勢を握っていたものの、天皇の権威はそれほど強いものではなく、むしろ二大豪族に押される形になっていた。

そこで、欽明天皇は百済《くだら》（朝鮮半島の一国）からもたらされた金銅の釈迦仏を蘇我氏の首領の稲目《いなめ》に「試みにまつれ」といって授け、物部氏がいうように仏教を受容したことによって疫病や天災地変が起こるかどうか試しに祀《まつ》ってみろと言った。要するに天皇は仏教の受け入れに関して、蘇我稲目に丸投げしたのである。

しかし間もなく、疫病が大流行した。予言が的中したとして物部氏が向原《むくはら》の稲目の私邸を襲って仏像を持ち出し、難波《なにわ》の堀江というところに遺棄した。この難波の堀江がどこなのかについては諸説あるが結論は出ていない。一説に大阪の四天王寺《してんのうじ》の辺りの川ではないかとも考えられている。

当時、四天王寺から下った現在の「あべのハルカス」がある辺りは港になっており、遣唐使船や大陸や朝鮮半島からの船が寄港した。百済から贈られた仏像もここから陸揚げされたものと考えられ、その場所までわざわざ運んで遺棄したのではないかというのである。

いずれにしても、それ以降、蘇我氏と物部氏の争いは激化し、熾烈《しれつ》な戦いが約半世紀にわたって繰り返された。そして、欽明天皇の後の敏達《びだつ》天皇の時代にも弥勒《みろく》仏の石像などが朝鮮から贈られてきたが、これらも悉く《ことごと》反対派によって破壊されてしまったのである。しかし、五八七年、蘇我氏は最終決戦に勝利し、紛争に終止符が打たれた。物部氏は戦力では蘇我氏を圧倒していた。しかし、蘇我氏は聖徳太子《しょうとくたいし》の四天王への祈願が功を奏して奇跡的に勝利をおさめたというのである。

この戦い以降は蘇我氏の独壇場となり、聖徳太子の仏教によって国を治めて行こうとの政策もあり、飛鳥寺《あすかでら》や四天王寺、法隆寺《ほうりゅうじ》などの大寺が次々と建立されて仏教は急速に繁栄に向かった。

両豪族の闘争は仏教を政争の道具にした覇権争いで、宗教としての仏教自体を排斥しようとするものではなかった。今も日本人は信仰心がないなどと言われるが、実態はそうではない。外来の文化や宗教に対して極めて無関心、よく言えば寛容な態度を取る民族性があるのである。すでに弥生時代から、朝鮮半島を経由した大陸の文化を諸手《もろて》を挙げて受け入れ、それを短期間にアレンジして自家薬籠中《じかやくろうちゅう》のものにしてきた。だから、仏教に関しても何の違和感もなく受け入れたのだ。

現に渡来人たちは、仏教の公伝以前から仏像を祀って日々、礼拝していたことが平安時代編纂《へんさん》の歴史書『扶桑略記《ふそうりゃくき》』の中にも見えている。人々は渡来人たちが風変わりな異国の神（仏）を礼拝していても無関心だったのである。しかし、百済から日本に対して正式に信奉を勧めて来て政治にからんで来ると事情は一変したのである。

ともあれ、蘇我氏と物部氏の熾烈な戦いを余所目《よそめ》に、仏教は着々と日本の国土に根を下ろし、尚且《なおか》つ神と仏は接近し続けていった。キリスト教やイスラム教のような一神教の国同士では、宗教は決して融合することはないが、多神教同士は容易に結びつく。

八百万の神というように、日本は多くの神が同居する多神教の国であるが、仏教は元来、神のいない宗教である。釈迦は人間としてこの世に生まれて悟りを開き、人間として死んでいった。だから、釈迦の教えに従って修行をすれば誰もが悟りを開くことができるというのである。

しかし、紀元一世紀ごろに大乗仏教が興ると、インドで古くから信仰されている多様な神々を信仰する人々の中に仏教を広めるに当たって、彼らの神々を積極的に取り入れる必要に迫られた。そして、紀元一世紀に仏教が中国に伝わると中国の神々も受容し、日本に来た頃には仏教は紛れもない多神教に変容していた。そこで多神教と化した仏教の仏、菩薩《ぼさつ》などと日本の八百万の神は何の違和感もなく習合することができたのである。日本人はインドからやって来た仏、菩薩を日本の神の一尊として受け入れたのである。それを可能にしたのは、あらゆる文化に対して寛容な態度を取る日本人特有の民族性に求めることができるであろう。

神仏習合の曙光

日本に仏教が伝えられて以来、徐々に接近を続けてきた仏、菩薩と日本の神々は、奈良時代（八世紀）ごろになるとさらに親密になった。そして、奈良時代のはじめには神社の神前で経を読む「神前読経《しんぜんどきょう》」というものが行われるようになった。現代人の感覚からすると神社での読経などというと奇異な印象を受ける。しかし、今でも熊野《くまの》三山《さんざん》などに行くと白い帷子《かたびら》に袈裟《けさ》を掛け、数珠《じゅず》を手にした巡礼の人たちが神前で『般《はん》若心経《にゃしんぎょう》』や『観音経』などを読む姿をしばしば目にする。また、特に名古屋から西の地方では、参拝者が神前で『般若心経』などをとなえている光景を見ることもある。

比叡山の鎮守である日吉大社では、例大祭のときなどに数十人の比叡山の僧侶《そうりょ》が本殿の前で「神前読経」を行っている。同じように高野山でも、鎮守の丹生都比売《にうつひめ》神社で高野山の僧侶による神前読経が復活している。このような神前読経は明治の神仏分離で禁止されたが、戦後、復活した。

そして奈良時代も後半になると、神社で神前読経や仏事などを行う「社僧《しやそう》」という神社所属の僧侶が常駐するようになった。さらに、奈良時代末には「神宮寺《じんぐうじ》」という神社所属の寺院が出現して、神仏習合は急速に進展していったのである。

この神宮寺の創建に関しては、三重県の多度《たど》神社の『多度神宮寺伽藍縁起并資材帳』という古文書にその経緯が端的に述べられている。それによると、当地の豪族、桑名《くわな》一族の氏神である多度大神は、長年にわたって日本の神としての修行に励み、領民を助けようとしてきた。しかし、最近はその力にも限界を感じ、神として生まれたことに苦しんでいる。そこで、これからは仏法（仏教）に帰依してその修行を取り入れ、領民の力になりたいと思う。

生粋の日本の神が、概《おおむ》ね以上のようなことを言いだしたのである。すなわち、日本の神が仏教徒宣言をするという前代未聞の事態が生じた。しかも、このような日本の神の仏教徒宣言は、多度大神に前後して各地で発せられたのである。

その理由は次のように考えられる。日本の神は穢《けが》れを極度に嫌うことから、神社で行われる神事の基本は穢れを祓《はら》うことにある。今でも喪中のときに鳥居を潜ってはならないといわれるが、これは神道で死を穢れとみなすことによるのであり、死の穢れに触れたものが神に近づくことをタブーとするからである。肉身や親しい人を亡くして悲しみに暮れている人が神社に癒しを求めても、門前払いを喰《く》うことになる。これでは日本の神は人々の心を癒してくれないと考えたのである。

これに対して仏教では、死を穢れとみなすことはなく遺体は懇《ねんご》ろに経をあげて菩提《ぼだい》を弔った上で埋葬し、遺族の悲しみにも丁寧に対応してくれる。また、特に密教が伝えられてからは、病人の前で護摩《ごま》を焚《た》いて加持祈禱《かじきとう》を行い、病気平癒を願ってくれる。

こういった現実を見た人たちが、日本の神に言い知れぬ頼りなさを感じ、逆に仏教には頼もしさを感じたことは当然である。そこで神々が仏教に帰依するという形をとり、神社という神々の聖域に寺院をたてる大義名分としたのである。もちろん、仏教に帰依しようとしたのは神々ではなく人間である。

氏子の中から神憑《かみがか》りになる人を一人選び、その人物に念入りに精進潔斎《しょうじんけっさい》させて穢れを祓った上で神託（神のお告げ）を仰ぐのである。神憑り、いわゆるトランス状態に入らせるためには、長時間瞑想《めいそう》させたり、断食して飢餓状態にさせるなどさまざまな方法が取られたようだが、手っ取り早いのは大量の酒を飲ませて酩酊《めいてい》状態にすることである。外国では麻薬を使う場合も少なくなかったようだが、日本では麻薬が使われることはなく、その代わりに酒が多用された。今でこそ日本は「麻薬大国」などという人もいるが、歴史的に見ると日本では大規模な麻薬の流行はなかったのである。

本地垂迹説——神仏習合の決定版

これまで述べてきたように、神と仏は時代とともに親密の度を深めて行った。そして、平安時代になると「本地垂迹説《ほんじすいじやくせつ》」という神仏習合の決定版が確立した。

これは日本の神はインドから来た仏、菩薩が仮にあらわした姿であるという思想である。「本地」とは本体、親分、「垂迹」とは本体の影のようなもので、親分に対する子分である。なぜこのような説が説かれるようになったかというと、仏教の仏、菩薩はまだインドから来て日が浅い。だから、何か頼みごとをしたり、助けを求めたりするときに親しみが薄く、何となく相談しにくい。そこで、古くから慣れ親しんでいる日本の神（子分）が先ず前面に現れて人々の望みを聞き、それを日本の神が親分であるインドの菩薩に報告する。そして、実際に相談を受けて救済してくれるのは仏教の仏、菩薩なのである。

この本地垂迹説は、もともと『法華経《ほけきょう》』に由来するもので、『法華経』では世界の中心にブッダの教えそのものを神格化した「久遠実成《くおんじつじょう》の釈迦如来《にょらい》」という仏が悠久の過去から未来永劫《えいごう》にわたって存在し続け、この仏から無数の仏、菩薩が生まれて人々を救済し続けると説く。久遠実成の釈迦如来は「本仏」、そこから生まれる無数の仏、菩薩は「化身《けしん》」と位置付けられている。

『法華経』は二八品《ほん》（二八章）からなる経典であるが、第一品から第一四品までを「迹門《じゃくもん》」、第一五品から第二八品までを「本門《ほんもん》」とし、「迹門」は方便《ほうべん》として説かれた序章のようなもので、「本門」にその本領が説かれているという考え方がある。

インドに神道はないが、もともと多神教のインドでは、神々の中に仏教の仏が入り込んでいったとき、仏が既存の神々の中に埋没して仏教の教えが伝わらない恐れがあった。それを避けるために『法華経』の内容を「本迹二門」に分け、本門で久遠実成の釈迦如来の存在を際立たせることにより、他の神々との差別化を図ったと考えられる。

このように、『法華経』に由来する思想を日本の神とインドの仏、菩薩に当て嵌《は》めて説いたのが、日本流の本地垂迹説なのである。その意味で『法華経』は神仏習合の原点ともいわれ、日本の山岳信仰にも多大な影響を与えた（九五〜九八ページを参照）。そして平安時代のはじめに、空海あたりが『法華経』の神仏習合の思想をインドの仏と日本の神との関係に焼き直して日本流の本地垂迹説を説き、平安時代中期に差し掛かるころには、神仏習合思想の中で不動の位置を占めたのである。

これによって、各地の由緒ある霊験あらたかな神社の祭神には本地仏《ほんじぶつ》が定められるようになった。たとえば熊野三山では、熊野本宮《ほんぐう》大社の祭神（垂迹）は熊野家津美御《けつみみ》子大神《このおおかみ》というれっきとした日本の神であるが、その本地仏は阿弥陀《あみだ》如来である。熊野速玉《はやたま》大社（新宮《しんぐう》）の祭神（垂迹）は熊野速玉大神《はやたまのおおかみ》という日本の神で、本地仏は薬師《やくし》如来。熊野那智大社の祭神は熊野布須美神という女神だが、本地仏は千手観音といった具合である。

もうひとつ例を挙げると、日光東照宮《とうしょうぐう》の祭神は徳川家康を神格化した東照大権現《だいごんげん》であるが、本地仏は薬師如来である。祭神の東照大権現は東照宮の本殿に祀られており、本地仏の薬師如来は通称、鳴き龍のお堂と呼ばれている本地堂に祀られている。

また、今では日光は二荒山《ふたらさん》神社、東照宮、輪王寺《りんのうじ》の二社一寺といわれてそれぞれ独立した宗教法人になっている。しかし、明治の神仏分離以前は日光山《にっこうさん》という一つの山が信仰の対象となっており、男体山《なんたいさん》（二荒山）、女峰山《にょほうさん》、太郎山《たろうざん》という三山のそれぞれの頂上に神が降臨すると考えられていた。

そして、二荒山の祭神は大己貴命《おおなむちのみこと》で本地仏は千手観音、女峰山の祭神は田心姫命《たごりひめのみこと》で本地仏は阿弥陀如来、太郎山の祭神は味耜高彦根命《あじすきたかひこねのみこと》で本地仏は馬頭《ばとう》観音と定められていた。東照宮に隣接した輪王寺の三仏堂（本堂）には高さ七メートルを超える本地仏が安置されている。

また、本地垂迹説に伴って「権現」や「明神《みょうじん》」という神号が用いられるようになった。権現の「権」は「仮に」という意味で、建て替えに伴って建てられた仮の社を「権殿」と呼んでいる。先にも触れたように、日本の神はインドの仏、菩薩が「仮に現した姿である」という意味である。

平安時代に編纂された法令書『延喜《えんぎ》式《しき》』神名帳《じんみょうちょう》には全国の二八〇〇余りの由緒ある神社の歴史や祭神などについて記されているが、その中でも特に由緒ある霊験あらたかな神社を「名神《みょうじん》大社」と称し、明神の「明」はもともと「名神大社」の「名」だったが、本地垂迹説が普及すると、不動明王《ふどうみょうおう》をはじめとする明王の「明」の字を当てるようになった。すなわち、「明王の力を持った日本の神」という意味で、これを略して「明神」と呼んだのである。

「権現」や「明神」は全国各地の霊験あらたかな神社の神号として中世以降に用いられるようになった。たとえば、熊野大社は「熊野権現」、春日大社は「春日明神」と呼ばれて信仰を集めたのである。しかし、これらの神号は神仏習合の申し子のようなものであることから、明治の神仏分離のときに使用が禁止された。

また、東京の神田明神は神田神社と改められ、今もそれが正式名称になっていて神門の脇には「神田神社」と刻まれた大きな石碑が立っている。しかし、ほとんどすべての平均的な日本人は、今も神田明神と言っている。神田神社ではご利益も半減以下になるという印象があるのだろう。また、時代劇で有名な銭形平次《ぜにがたへいじ》も「神社下の平次」では投げ銭も良く当たらないような気がする。やはり、「明神下の平次」でなければならないのである。

反本地垂迹説

本地垂迹説のような考え方を「仏主神従《ぶっしゅしんじゅう》」という。仏が主体で神がそれに従属するという意味である。これに対して鎌倉時代の末には神が主体で仏が従うという考え方が登場してきた。もともと本地垂迹説は仏教側からとなえられたもので、これに神道側が反発してとなえたのが「神主仏従《しんしゅぶつじゅう》」のいわゆる「反本地垂迹説」だった。

これを最初にとなえたのは、伊勢神宮の外宮《げくう》の神官たちだった。伊勢神宮は内宮《ないくう》と外宮からなっているが、内宮より五〇〇年遅れて創祀《そうし》された外宮は社殿の規模など何かにつけて内宮に遠慮する形になっている。つまり、内宮よりも格下と考えられているのである。

これに反発した外宮の神官が、外宮の地位を上げるためにとなえたのが「反本地垂迹説」だった。今でも外宮の参拝者は内宮の一〇分の一程度といわれ、周辺も内宮のように土産物屋が軒を連ねるような賑《にぎ》やかさはなく、むしろ聖地らしい静寂さを保っている。そして、早くから外宮には優秀な神官が集まって神道理論を確立しようとする動きが活発になった。

外宮では「神道五部書《しんとうごぶしょ》」という五つの経典からなるものを編纂し、外宮の正統性を主張するとともに仏教に対する神道の優越性を説き、これによって「神主仏従」の思想を確立したのである。もともと、神道は「ドグマ（教義）なき宗教」「物言わぬ宗教」といわれ、特定の教義や経典を持っていない。しかし、合理的な教義とそれに基づく膨大な経典を持っている仏教に対抗するためには、何らかのドグマを整え、それを成文化する必要に迫られたのである。

　その後、外宮を中心に空海に仮託した論書なども作られ、いわゆる「伊勢神道」の基盤が確立した。伊勢神道は外宮の所在地を度会《わたらい》郡といい、また外宮に仕える社家《しゃけ》（神官の家柄）を度会氏ということから「度会神道」とも呼ばれている。

「神道五部書」はその後の神道界に大きな影響を及ぼしたが、室町時代には京都の吉田神社の神官、吉田兼倶《かねとも》が『唯一神道名法要集《ゆいいつしんとうみょうほうようしゅう》』を著して反本地垂迹説の理論を大成して「吉田神道（唯一神道）」を創始した。大化の改新以降の律令制《りつりょうせい》の下では神祇官《じんぎかん》という全国の神社を統括する機関があったが、すでに平安時代に律令制度が廃れると、神祇官も有名無実のものとなった。野心家で敏腕な政治家でもあった兼倶が、その間隙を縫って全国の神社を牛耳《ぎゅうじ》ることを目的として創始したのが吉田神道だったのである。

　このような神道側の主張が出てきたのは、もちろん仏教主体の本地垂迹説にたいする反発もあったが、それとともに二度に及ぶ元寇《げんこう》の結果、国家意識が高まったことも大きな原因であろう。このころから北畠親房《きたばたけちかふさ》の『神皇正統記《じんのうしょうとうき》』など皇国史《こうこくし》観《かん》に彩られた歴史書も登場して「神国」という言葉も使われるようになった。そして、日本は万世一系の皇孫（天照大御神《あまてらすおおみかみ》の孫）が治める世界で最も優秀な国であるという考えが神道家を中心に広まったのであり、明治維新以降の国家神道はまさにその延長線上にあった。

ただし、仏教側が主張した本地垂迹説自体もそうであるが、神道家の反本地垂迹説、さらには日本を神国とする考え方は極めて稚拙で非論理的なものだった。その結果、仏教に対抗するだけの論理を展開することができず、結局、日本の信仰は仏教が掲げた理論によって牽引《けんいん》されることになったのである。

前にも述べたように（七〇ページを参照）、日本の神道はアニミズム的な信仰を基盤にしながらすでに古代において異常な規模に発展した。しかし、神道には教義がなくその教えを説いた経典のようなものもない。結果的に巨大化した神道はその思想を表明する上で仏教の論理に頼らざるを得なかった。それが日本で神仏習合が特異な発展を遂げた大きな理由ということができるだろう。

神道について

ここで「神道《しんとう》」ということについて一言しておきたい。小著のテーマからは少し外れる感があるが、日本民族の原初的信仰、いわば宗教以前の信仰としての山岳信仰を理解する上では重要な問題である。

最近は「神道」という言葉が極めて無神経に使われており、神道の中にこそ日本民族の「心」のルーツがある、といった短絡的な物言いをする人が少なくない。「神道」という言葉はすでに『日本書紀』の用明《ようめい》天皇（聖徳太子の父）の項に「（用明）天皇、仏法を信け《う》たまひ、神道を尊びたまふ」と記されている。つまり、用明天皇が仏教とともに神道も尊重したというのである。

しかし、この場合の「神道」という言葉は、伊勢神道や吉田神道、国家神道とは似て非なるもので、日本古来の神々に対する信仰という程の意味である。そして、伊勢神道や吉田神道といった場合の「神道」は、自己の権威を高めるための極めて政治的、政策的に組織化されたものなのである。だから、そこには日本民族の心のルーツといった側面は見られない。

精神的な拠《よ》り所としての原型は、今も地方の山村などで行われている素朴な神事や祭事、そして、神社を中心とする村人たちの素朴な信仰の中に見られるのである。敢《あ》えてこのような信仰形態に名前をつけければ「神社を中心とする日本固有の神々に対する素朴な信仰」とでもいうことができるだろう。どちらかというと『日本書紀』に見える「神道」という言葉に近いニュアンスで、「伊勢神道」や「吉田神道」、ましてや「国家神道」とはまったく異なる概念であるということができる。

近年は若い人たちの間で神社が見直され、参拝する人も多い。靖国《やすくに》神社も若者には人気だ。そして、神道に日本民族の心のルーツがあると言っている人は靖国神社の参拝を奨励しているが、これは本末転倒も甚だしいものである。靖国神社は国家神道の中核として明治二年に創祀されたもので、明治維新政府の国策に基づいて創建されたものである。日本の歴史の中でこれほど政治的色彩の強い神社はない。

ところが、鳥居を潜って参道を進むと本殿があり、規模の違いはあっても外見的には素朴な「村の鎮守《ちんじゅ》」と変わるところがない。しかし、その内容には大きな違いがある。「神道」という言葉の意味を正確に認識しておかないと、せっかく芽生えた信仰心もとんでもない方向に向かっていくことになる。

仏教と出会った山岳信仰

山岳信仰ははじめ道教の神仙術（仙人になる方法）などと結び付き、山岳修行者たちはその思想や修行法を取り入れて、徐々に修行の体系を形成していった。そして、六世紀の前半に仏教が伝来すると、今度は仏教の思想や修行方法を取り入れて独自の宗教を創り上げていったのである。

仏教の最終的な目標は悟りの境地に至ることにある。悟りの境地はそれを体現した釈迦だけが知り得ているもので、われわれ凡夫《ぼんぶ》（普通の人間）には分からない。しかも釈迦が言うには、その境地は言語を絶しているのであり、通常の言語では言い表すことのできない極めて深遠な境地であるという。ただ、その境地に至ることができれば、すべての執着を離れて肉体的にも精神的にも、完全に自由な境地に安住することができるという。つまり、悟りの境地に至ることによって人間は完全に生まれ変わるのである。

山岳修行者たちが目指したのはこの悟りの境地だった。これは、悟りの境地が、日本で古くから信じられている死者の霊が山頂から昇天して神になるという信仰と結び付いたとも考えられる。また、道教でいうすべての束縛を離れて心身ともに自由となった仙人の境地は仏教の悟りの境地にもたとえられる。山岳修行者が目指したのは仏教の悟りの境地や日本古来の神、道教の仙人の境地が絡み合った複雑なものだったと考えられるのである。

密教との出会い

密教は七世紀の中ごろ、インドで成立した『大日経《だいにちきょう》』という根本経典に基づいて教義を確立した仏教の一派で、大乗仏教の最高の教えとされている。成立後、間もなく中国に伝えられて漢訳され、密教は中国で盛んに信仰されるようになった。そして、日本には平安時代のはじめに空海によって伝えられて、短期間で各地に普及した。

密教は大日如来の秘密の教えといわれ、その奥義はマントラ（真言《しんごん》）と呼ばれる一種の呪文で伝えられる。極めて深遠な意味を持つマントラは、われわれ凡夫の智慧《ちえ》では理解不能で、大日如来とその化身である仏、菩薩、明王などとの間でのみ意思の疎通ができるという。たとえば『般若心経』の末尾にある「羯諦《ぎゃてい》 羯諦《ぎゃてい》 波羅《はら》羯諦《ぎゃてい》……」などがマントラで、その意味は不明で訳してはならないとされている。

もう一つ「陀羅尼《だらに》」という真言と類似の言葉がある。陀羅尼はサンスクリット語（インドの古い言葉）の「ダーラニー」という言葉の音写（サンスクリット語の発音を中国語の音で写したもの）である。両者はともに一種の呪文だが一説に短いものを真言、長めのものを陀羅尼と呼ぶのだともいうが、あまり厳格な区別はないようだ。

しかし、もともと呪文から発展した真言（マントラ）や陀羅尼（ダーラニー）は、正確に発音してとなえることによって威力を発揮するといわれている。これは言葉自体に霊力があるという言霊《ことだま》信仰で、インドでは仏教が興るはるか以前からこのようなマントラが多用されており、今もヒンドゥー教では日常的にとなえられている。

また、密教では「三密加持《さんみつかじ》」ということが重要視される。身（身体）と口（言葉）と意（心）に基づく三つの秘密の実践である。つまり、身に印《いん》（仏像に見られるようなさまざまな手の組み方）を結び、口に真言（マントラ）をとなえ、心に仏をイメージすることである。この三密を実践することによって仏とわれわれ凡夫が合体する「加持」が成立し、悟りの境地に至ることができるというのである。

真言や印を多用して、一見難解に見える密教ではあるが、根本的な構造は単純であることが分かるだろう。これが密教が短期間に広く普及した理由で、もともと神秘的な性格の強い山岳信仰とは容易に融合した所以《ゆえん》である。

ただし、今述べたのは『大日経』を根拠に組織体系化された密教で、これを「純《じゅん》密《みっ》」と呼ぶ。そして、純密が成立するはるか以前からインドではマントラをとなえて呪術的な加持祈禱が行われており、それを大幅に取り入れて組織体系化したのが「純密」である。

このような純密に対して組織化される以前の密教を「雑密《ぞうみっ》」と呼ぶが、これについては純密が伝えられる以前、さらには仏教伝来以前から散発的に日本にも流入していたと考えられる。伝説によれば、修験道の祖・役小角《えんのおづぬ》は雑密の中の「孔雀明王法《くじゃくみょうおうほう》」を実践していたといい、空海が若いころに「虚空蔵菩薩求聞持法《こくうぞうぼさつぐもんじほう》」を実践していたことは事実のようで、このような雑密の修法は空海が純密を伝えるはるか以前から、山岳修行者たちの間に普及していたものと思われる。

平安時代のはじめに空海が密教を伝えると、山岳修行に密教色が濃厚になってくる。密教の目指すところは「即身成仏《そくしんじょうぶつ》」にある。密教以前の仏教では悟りを開くまでに何回となく輪廻転生《りんねてんしょう》（生まれ変わり）を繰り返さなくてはならない。しかし密教では、この世に生まれてから死ぬまでの八〇年なり九〇年なりの間に生きながらにして成仏する（仏になる）ことができるというのである。つまり、今生きている身（肉体）が即《すなわ》ち「仏」であるという考え方である。

また、空海がはじめて高野山に登ったとき、八方に緩やかに広がる山頂付近の景観をみて胎蔵界曼荼羅《たいぞうかいまんだら》の中心の「中台八葉院」に見立てた。「中台八葉院」は大日如来を中心に八枚の蓮華（蓮の花）の花弁が放射状に広がり、その一枚一枚に仏、菩薩がいて法を説いているというものである。そして、空海以降、全国の霊山の頂上付近は「中台八葉院」と見なされるようになったのである。

たとえば、富士山では火口に大日如来が鎮座し、外輪山《がいりんざん》の八つの峰（ピーク）にそれぞれ仏、菩薩が鎮座すると考えられ、後には「お鉢巡り《はちめぐり》」という風習が生まれ、やがて全国の霊山に広まった。江戸時代まで八つの峰には薬師《やくし》岳《だけ》や普賢岳《ふげんだけ》という仏、菩薩の名が付けられており「お鉢巡り」も「お八巡り」と書かれていた。しかし、明治維新の神仏分離で仏教由来の山名が禁止され、八つの峰は標高三七七六メートルの最高点の剣ヶ峰《けんがみね》や朝日岳などの名称に付け替えられたのである。

「即身成仏」は山頂に鎮座する大日如来と一体化することである。そのことから山頂には大日如来の世界があると考えられるようになった。平安時代の末に末代上人《まつだいしょうにん》という僧侶が富士山に登った。これが記録の上では富士山の初登頂で、その後、末代上人は数百回、登頂したと伝えられている。そして、上人は富士宮《ふじのみや》の富士山本宮浅間大社《ほんぐうせんげん》

山伏の谷覗き（世界遺産吉野大峯活性化事業実行委員会提供）

の上方、二合目付近にある後の現・村山《むらやま》浅間《せんげん》神社に大日如来を勧請《かんじょう》し、ここを富士信仰の拠点としたのである。

たびたび述べてきたように、山は他界、死者の世界である。修行者は山に入って一度、死んだ上で生まれ変わることを期するのであり、これを「擬死回生」という。今も山伏（修行者）は白衣を着て山に入るが、これは死装束である。そして、峰入《みねい》り（山に入ること）の前にはさまざまな苦痛を伴う試練が与えられて、一度地獄を味わうのである。

たとえば、出羽《でわ》三山《さんざん》では峰入り前に「南蛮燻《なんばんいぶ》し」という苦行が行われる。これは密閉した暗い部屋の中に置かれた七輪の前に行者を据え、その中にトウガラシや行者葱《ねぎ》という忍辱《にんにく》のような強烈な匂いのする植物を乾燥させたものを放り込み、団扇《うちわ》で扇いで煙を立ち上らせる。目は涙に覆われて赤く爛《ただ》れ、咳《せき》が出て喉《のど》には激痛が走る。文字通り地獄の苦しみを味わうのである。

山中では「谷覗《のぞ》き」という恐ろしい修行が待っている。断崖《だんがい》絶壁の上から行者を逆さにしてロープで吊《つ》るし、先達の山伏がロープを緩めてあたかも谷底に突き落とす素振りを見せる。吊るされた行者は奈落《ならく》の底に突き落とされる地獄の恐怖を体験するのである。

また、「胎内潜《たいないくぐ》り」という行もある。これは山中の大岩の間の狭い通路を産道に見立てて潜っていくもので、出生の疑似体験である。つまり、母胎に回帰してまったく新しい生命として生まれ変わるのであり、そうすることで悟りの世界に近づくと考えるのである。

長野の善光寺《ぜんこうじ》にも、瑠璃壇《るりだん》という本尊が祀ってある本堂真下の真っ暗な地下道を手探りで進み外の明るいところに出る「御戒壇巡《おかいだんめぐり》」というものがある。これも胎内潜りと同じく出生の疑似体験である。ただし、善光寺の場合は生まれる場所は極楽浄土である。このような胎内潜りは各地で見られるが、日本ばかりでなくインドなどでも広く見られる。

浄土教と山岳信仰

釈迦が亡くなってから二〇〇〇年を経過すると、末法《まっぽう》の世が訪れるということが古い経典に述べられている。釈迦が亡くなってから一〇〇〇年の間は釈迦の教えがあり、その教えに基づいて修行をして悟りを開く人もいる。この時代を「正法《しょうぼう》」の時代と呼ぶ。そして、それからさらに千年の間は釈迦の教えがあってそれに基づいて修行する人はいるが、悟りを開く人がいない「像法《ぞうほう》」の時代が訪れる。像法の時代が過ぎると教え（経典）だけは残るが、それに基づいて修行をする人もいなければ、まして悟りを開く人などはいない時代がやって来る。この暗黒の時代を「末法」といい、一万年続くという。

末法の世には衆生の能力や資質は極端に低下し、戒律を守ったり坐禅《ざぜん》をしたりといった修行にはとうてい耐えることができなくなる。そこで、当時の人々は誰にでも簡単にできる念仏をとなえて一刻も早く極楽往生することを切望したのである。

日本では古くから一〇五二年に末法の世が始まるとされていたが、源信《げんしん》が著した『往生要集』は、それに先駆けて恐ろしい地獄と美しい浄土の光景を活写し「厭離穢土《おんりえど》　欣求浄土《ごんぐじょうど》」すなわち、われわれが住んでいる穢れた世界（穢土）を速やかに離れて（厭離）浄土に往生することを望む（欣求浄土）べきだということを強調した。

この書は当時の貴族を中心に一大センセーションを巻き起こして一気に浄土信仰が

熊野観心十界図（兵庫県立歴史博物館提供）

広まった。彼らは極楽浄土の光景をあらわした「浄土曼荼羅」や阿弥陀如来が大勢の菩薩とともに臨終者を迎えに来る「阿弥陀来迎《らいごう》図」を作成して浄土に思いを馳《は》せた。さらに資力のある貴族たちは、華美な装飾を施した阿弥陀堂やその周囲を彩る浄土庭園を作り、地上に極楽浄土を再現したのである。

このような浄土信仰は平安時代の末期には一般民衆の間にも広まり、庶民信仰の中核を形成するに至ったのである。浄土信仰は宗派を超えて広まり、時代を代表するような高僧の中にも、念仏をとなえて諸国を巡るものが少なくなかった。たとえば、鎌倉時代に東大寺再建の大勧進《だいかんじん》を務めた俊乗坊《しゅんじょうぼう》重源《ちょうげん》は醍醐寺《だいごじ》で修行した密教僧だったが念仏聖《ひじり》となって諸国を巡歴した。その念仏聖の弟子には、運慶《うんけい》と並び称される大仏師快慶《かいけい》がいた。

鎌倉時代のはじめには源空《げんくう》（法然《ほうねん》）が浄土宗を開き、その弟子の親鸞は浄土真宗の基を作り、無一物で諸国を巡って念仏を勧めた一遍《いっぺん》は時宗《じしゅう》の基《もとい》を作った。

もともと山岳信仰は特定の経典に基づいて教理を確立し、儀礼を整えた正規の仏教ではなく、一種の民間信仰として発展してきたものである。そして、民間信仰はより求心力のある思想や儀礼と容易に結びつく性格を持っており、民間に広く普及した浄土信仰と山岳信仰は容易に結び付いたのである。

このような時代背景の中、平安時代後半には各地の霊山の山頂は阿弥陀如来の極楽浄土と見なされるようになった。「熊野曼荼羅」と呼ばれる熊野三山の参詣の光景を描いた俯瞰図《ふかんず》には、いちばん下に地獄の光景が描かれ上に行くに従って人間界や神々の世界、そして、山の頂上に阿弥陀の極楽浄土が描かれている。つまり、地獄や人間界などの六道《ろくどう》（地獄・餓鬼・畜生・修羅・人間・天からなる六つの世界）を経て最後には阿弥陀の極楽浄土に達すると考えられていたのである。そして、このような山頂を極楽浄土と見なす信仰は全国の霊山に普及していったのである。

『法華経』と山岳信仰

山岳信仰と結び付いて人々に大きな影響を与えたのは、先にも述べた『法華経《ほけきょう》』の信仰である。『法華経』は「滅罪《めつざい》の経」といい、この経典を読誦《どくじゅ》したり信仰することによって前世からの罪が消え去るという。また、『法華経』の「提婆達多品《だいばだったぼん》」の中にはこの経典を聞けば女性も直ちに成仏するという「女人往生《にょにんおうじょう》」が説かれている。小乗仏教では女性はさまざまな障りがあることから成仏できないと説かれていたが、『法華経』はこの問題を一気に解決する画期的な経典だったのである。『法華経』が篤《あつ》く信仰されるようになったのは女性の心を摑《つか》んだことにある。

奈良の法華寺《ほっけじ》は、聖武《しょうむ》天皇が東大寺を総国分寺《こくぶんじ》として諸国に国分寺を建てたのに対して、女性救済のために妃の光明《こうみょう》皇后が創建した総国分尼寺《こくぶんにじ》である。そして、法華寺の正式名称は「法華滅罪寺」で全国の国分尼寺も同じ名前である。

今も修行者たちは「懺悔、懺悔、六根清浄《ろっこんしょうじょう》」という言葉をとなえながら霊山に登る。「懺悔」は「さんげ」と発音し、過去の罪汚れを懺悔すること、贖罪《しょくざい》である。仏教、とりわけ大乗仏教では「懺悔」が重要な実践徳目の一つである。人は過去、前世からさまざまな罪を犯してきたことによってその身は穢れている。悟りの境地に至るためには、そのような罪をすべて滅し去らなければならない。

そこで、山の霊気に触れて過去の罪を消し去ると「六根」、眼《げん》（視覚）、耳《に》（聴覚）、鼻《び》（嗅覚《きゅうかく》）、舌《ぜつ》（味覚）、身《しん》（触覚）の五つの感覚器官とそれらを統括する意《い》（心）が清浄になって（清められて）悟りの境地に近づくことができるというのである。

修行者（山伏）が山に入るのは自らの罪を滅して悟りを達成するためであり、同時に衆生（すべての人々）を代表してその罪を背負い、衆生を悟りの境地に至らしめるためである。そして、このような山岳修行者の滅罪の思想は『法華経』の影響を受けたものだったのである。

また、『法華経』には「捨身《しゃしん》」や「焼身《しょうじん》」という厳しい修行が説かれている。「捨身」は文字通り身を捨てることで自らの命と引き換えに他者を救うというものである。これは釈迦の前世の物語を描いた『ジャータカ（本生譚《ほんじょうたん》）』という物語に説かれているもので、これが『法華経』に取り入れられたのである。

この中に「捨身飼虎《しこ》」という法隆寺の玉虫厨子にも描かれている有名な話がある。あるとき、前世である国の王子だった釈迦が山に遊びに行った。すると、深い谷底で飢えた虎の親子が今にも息絶えようとしているところを目撃した。これを哀れんだ皇子は、崖《がけ》の上から飛び降りて自らの肉体を餌食として虎の親子を助けたというのである。

「焼身」は文字通り身体を焼くことである。どんな厳しい苦行をするよりも爪の先に炎を灯《とも》す方が価値があると説かれている。だいぶ前に流行《はや》った『少林寺《しょうりんじ》』という映画では剃髪《ていはつ》した僧侶の頭上に四つの直径一センチほどの跡が見える。これは少林寺拳法の修行僧の頭の上に脚を真っ赤に焼いた五徳《ごとく》（炭の上に鍋《なべ》などを置く器具）を載せて焼き印を押し、一定の修行が完了したことを認めたときにある。

また、ベトナム戦争のとき僧侶がガソリンをかぶって火を点《つ》け、衆人環視の中で平然と焼け死んでいった光景を記憶している方も少なくないだろう。これも究極の焼身で、自己を犠牲にして戦争を止めさせることによって多くの人々を救おうとしたのである。

もともと大乗仏教は、自分一人だけ悟りの境地に安住して他者を顧みない小乗仏教の「自利行《じりぎょう》」を批判し、自らの救済よりも他者の救済を優先する「利他行《りたぎょう》」を主張して登場した仏教の新しい思潮だった。このことからすでに小乗仏教の時代に存在していた「捨身飼虎」のような物語が歓迎され、修行の目的が自己犠牲にあることが強調されたのである。

そして、山岳修行者の修行もまさに自己犠牲を伴う利他行である。山岳修行者たちは『法華経』を典拠に、さまざまな難行苦行を編み修行によって過去の罪汚れを滅ぼして悟りの境地に至る。そして、山中で一度、死んで再び生まれ変わることを目指した。同時に衆生を救済しようとしたのである。その意味に於《お》いて山岳修行者（山伏）たちは、いわば「修行請負人」的な立場にあったのであり、室町時代に修験道が確立して以降（一〇八ページを参照）は請負人としての立場はますます明確になって来るのである。

国家と山岳修行者との軋轢

ここまで見てきたように、古くからの日本の山岳信仰は山岳修行（後の修験道）という極めて特異な宗教形態を生み出した。すでに奈良時代以前から深山幽谷に籠《こも》って修行に打ち込む修行者がおり、彼らは時代を追うごとにその数を増して行った。

しかし、役小角《えんのおづぬ》が優婆塞《うばそく》（在家の仏教信徒）と呼ばれているように、彼ら修行者のほとんどは正式に受戒していないいわば私度僧《しどそう》だった。仏教では釈迦の時代以来、師に導かれて仏教徒としての修行や生活の規律である戒律を学び、それが身についたことを師に認められてはじめて比丘《びく》、比丘尼《びくに》（尼僧）という正式な出家の仏教徒になることができる。戒律が身についたか否かは師弟間の面談によって判断されるのであるが、この認証式のようなものを授戒《じゅかい》（受戒）といっている。そして、大化の改新以降の律令制度の下では、寺院はすべて官寺《かんじ》（国立の寺院）となり、僧侶は官費で要請されて官費で養われることになった。

だから、官（国家）の許可を得ないで勝手に受戒したと称して僧侶となることは法に反したのである。しかし、すでに奈良時代以前から耕作をしても食べて行けず、農地を放擲《ほうてき》して諸国を放浪する流浪人が増え続けていた。彼らの中には官の許可を得ずに受戒して私度僧となって各地を経巡り、布施をもらって生活の糧とするものも少なくなかった。

国家はさまざまな手段で取り締まったが、交通や通信の手段が貧弱だった当時の状況では全国的な監視網を巡らすことは困難だった。私度僧は増加の一途を辿《たど》ることになり、国家はその排除に頭を悩ませていたのである。

私度僧の多くは仏教の知識も乏しく、いい加減な読経や説法、祈禱をして布施をもらって生活の糧にしていた。しかしその一方で、求道心に燃え、信仰心の篤いものも少なくなかった。もちろん、彼らは法隆寺や東大寺のような官寺に入ることはできなかったから、山中の岩窟《がんくつ》などに住んで岸壁に摩崖仏《まがいぶつ》を掘って本尊とし、修行に励んでいたのである。

彼らが山中に籠った理由は、人を寄せ付けない他界（山）に入って厳しい修行に耐えることにより里では得られない超人的な霊力を身につけることにあった。しかし、それと同時に彼らを深山幽谷に追いやった原因は次のような事情によるのである。

当時の律令制度の下では出世の道は二手に分かれていた。一つは大化の改新以降、設置された大学に入って官吏となる道。もう一つは官寺に入って仏教界での出世を望むことだった。仏教でいう「出世」は「出世間《しゅつせけん》」の略で、煩悩にまみれた世俗の世界を抜け出して正常な悟りの世界に安住することである。今も各地に祀られている出世地蔵や出世観音などは、俗世間から抜け出したものという意味である。しかし、すでに奈良時代以前から、官寺に入ることは世俗的な出世の手段と化していたのである。

そして、大学ももちろんそうであるが、官寺に入るにも氏素性の正しさが求められた。これは古今東西を問わず世の中の趨勢《すうせい》で、今でもとりわけ政治家などはろくに能力がなくても親の七光りなどで良いポストに就くものが後を絶たない。まして、律令制度の下で厳格な身分制度が定められた当時にあっては、家柄の劣る者は正式な僧侶になることもできなかったのである。

向学心や求道心、信仰心は人間に共通した個性である。生まれ育ちに関わらず、求道心、信仰心の厚い人間はいつの世にもいる。しかし、律令制のもとではそういった人たちが大学や官寺に入ることは不可能だった。

そこで彼らは人里離れた山野に入って岩窟や草の庵《いおり》を結び、岩に刻んだ摩崖仏や石仏を本尊として修行に励んだのである。これが山岳修行者（修験者）の興りであるが、彼らは律令制度の枠外にある非合法な不穏分子だった。国家権力は常に国意にそぐわない勢力を排除する。そして、当時の国家も山岳修行者に監視の目を光らせ、取り締まりを強化したのである。

人里に出没して布施などを求める私度僧は人目にも付きやすく、摘発が容易である。いっぽう、人を寄せ付けない深山幽谷に籠った山岳修行者を摘発するのは至難の業である。つまり、厳しい山中は山岳修行者に恰好《かっこう》のアジトを提供していたのである。

国家は監視体制を強化し、ときに山岳修行者の一斉摘発に乗り出した。歴史書『続《しょく》日本紀《にほんぎ》』の六九九年の条には、山伏の祖と仰がれる役小角が山林抖《と》藪《そう》禁止の令に反して捕縛され、伊豆に流されたという記述が見える。これが謎に包まれた役小角に関する唯一の記録である。この記述から、この年に役小角をはじめとする山岳修行者の大捕縛作戦が行われたことが窺《うかが》え、相当数の山岳修行者が跋扈《ばっこ》していたことを暗示している。

国家がこのような不穏分子の排除に躍起になったのは、官費で要請して官費で養われている法隆寺や東大寺の正式な僧侶よりも、素性の分からない山岳修行者に民衆の求心力が集中することを恐れたのである。たとえば奈良の大寺の高僧よりも役小角のような山岳修行者が求心力を得ることを恐れたのである。現代でいえば、民衆が天台座主《ざす》よりオウム真理教などの教祖に求心力を奪われることを恐れるのと同じである。

ここで「山林抖藪《さんりんとそう》」について少し説明を加えておこう。「山林」はいうまでもなく「山野」のことである。そして「抖藪」はサンスクリット語のドゥータの漢訳語で「苦行」という意味である。つまり、煩悩を断ち切って深山幽谷に、厳しい修行に励むことである。

また、今でも僧侶が首から提げている袋を「頭陀袋《ずだぶくろ》」というが、この「頭陀」の原語もドゥータで苦行のときに携行する袋という意味である。インドの神話でこの世界（宇宙）は苦行によって創造されたと説かれ、今もインドには多くの苦行者がいる。これが仏教にも取り入れられて修行の中心的な存在になったのである。

ただし、釈迦は二九歳で出家して三五歳で悟りを開くまでの六年間、想像を絶する苦行生活をした。しかし、苦行では求める道（悟りの境地）に到達することができなかったことから、苦行をあっさりと捨てて菩提樹《ぼだいじゅ》の下で坐禅を組んだ（瞑想した）。その結果、数日後には偉大な悟りの境地に至ることができたという。このことから、釈迦は苦行には否定的で、仏教自体も苦行を奨励しているわけではない。

ただ、大乗仏教の時代になると、先にも触れたように『法華経』の中に「捨身」や「焼身」といった究極の苦行が登場してくる。そして、自らを犠牲にして他者を救済する「利他行」が大乗の菩薩の理想とされたのである。山林抖藪もまさに究極の利他行で、自らが他の人々に代わって死に直面するような苦行をすることで衆生（すべての人々）を救おうとするのである。

国家の統制

このような事情の下、国家はさまざまな宗教統制を行って官寺の権威を維持しようとした。大化の改新以降、律令制度《りつりょうせいど》の枠組みの中で宗教を厳格に管理することにしたのである。そして、大宝《たいほう》元年（七〇一）には、我が国最初の法律である「大宝律令」を発し、古代法治国家の体制を整えた。

さらに、和銅《わどう》三年（七一〇）に平城京遷都を敢行すると、養老《ようろう》二年（七一八）に

「養老律令」を発して新都の政治体制に備えた。また、平城京遷都にともなって飛鳥など周辺にあった飛鳥寺（元興寺《がんごうじ》）や薬師寺、大官大寺《だいかんだいじ》（大安寺《だいあんじ》）などの大規模な官寺が平城京内に移転してきた。そうなると、数千人の僧侶が平城京内で生活することになり、彼らの規律を整えておくことが必要となった。

当時は尼僧が全体の四割を占めていたことから、男性僧侶との間の住み分けをはっきりしておかなければ風紀が乱れる恐れがある。そこで「養老律令」の中に「僧尼令《そうにりょう》」を定めて男僧と尼僧の生活規律を厳格に定めたのである。「養老律令」は新都に対応する法令として企画されたものであるが、内容的には先の「大宝律令」とあまり変わるところはなかった。加えて編纂を主導した藤原不比等《ふじわらのふひと》が七二〇年に薨去《こうきょ》したことから編纂が中止され、これが施行されたのは東大寺の大仏が完成した（七五二年）五年後の七五七年のことだった。

ただし、「僧尼令」だけはただちに施行され、私度僧や山林抖擻、民衆教化、乞食《こつじき》などの禁止や制限が定められた。禁止や制限の対象になったのは、当時横行していたものばかりで国家がその対処に苦慮していた。

東大寺の大勧進、行基《ぎょうき》は諸国を巡って民衆を教化して絶大な支持を得ており、彼が一声かけると三〇〇〇人の人々が集まったという。そんな人気絶頂の行基も「惑百《わくひゃく》姓《せい》」の罪に問われて流罪になった。すなわち、民衆を惑わしたというのである。ちなみに、ここで「百姓」とは農民も含めた民衆のことで、「百姓」は「おおみたから」と読む。

山岳修行の解禁

ここまで見てきたように、国家は事実上、山林抖藪を禁止し、これを破ったものに対しては流罪などの厳しい態度で臨んできた。しかし、そんな中でも山林抖藪をするものは時を追って増え続けて行き、奈良時代の終わりに律令制が衰退してくると、山岳修行者は増加の一途を辿るようになった。

一方では聖武《しょうむ》天皇の国分寺の創建や大仏造立などによって、仏教界は空前の繁栄に沸き返った。仏教界の地位は必然的に上がり、有力な僧侶の中には政治に深く参画するものも現れた。自ら天皇の座を狙った弓削道鏡《ゆげのどうきょう》がその典型で、仏教は民衆を教化して幸福をもたらすという本来の使命を失い、権威主義に陥って腐敗堕落の一途を辿ったのである。

加えて国分寺の建立や大仏の造立に際して、国家予算では賄いきれない巨額の出費を強いられたことから財政的にも逼迫《ひっぱく》を極めた。もともと、平城京は一〇万人の収容能力があったが、大仏造立にともなって近畿地方を中心に各地から職を求める人々が集まり、平城京の人口は一気に推定二〇万人余りに膨れ上がったという。現在の奈良市の人口が約三六万人だが、今の奈良市は広範囲に及んでいる。当時の平城京は東西約四・三キロメートル、南北約四・八キロメートルで、ここに二〇万人を超える人口を抱えていたのであり、想像を絶する過密ぶりだったといえるだろう。

つまり、平城京の都市機能はすでに完全に麻痺していたのであり、その惨状を招いたのは元祖箱物行政を推進した聖武天皇だった。そして、聖武天皇の跡を継いだ孝謙《こうけん》天皇も父親に負けず劣らずの浪費家だった。孝謙天皇は、一度退位した後に再び即位して称徳《しょうとく》天皇となった。称徳天皇は破綻《はたん》した財政を横目に、西大寺《さいだいじ》や新薬師寺といった大掛りな寺院を建立して人々の顰蹙《ひんしゅく》を買った。それと同時に弓削道鏡を寵愛《ちょうあい》して彼が天皇の地位を窺うきっかけまでつくった。

その称徳天皇も宝亀《ほうき》元年（七七〇）には崩御し、弓削道鏡も失脚して下野《しもつけ》の薬師寺に流されて同じ年にその地で亡くなった。そして、称徳天皇の跡を継いだ光仁《こうにん》天皇は、腐敗堕落して破綻した仏教界の粛正と平城京の復興に力を注いだ。

その一環として、光仁天皇が先ず着手したのは山林抖擻の解禁だった。「僧尼令」にあった事実上の山岳修行の禁令を削除したのである。これによって、それまで吉野や熊野など各地の霊山に潜伏して修行していた行者たちは、心置きなく修行に専念することができるようになったのである。

光仁天皇が山岳修行者に活路を与えたのは、奈良の大寺で権勢だけを誇示している堕落した僧侶よりも、深山幽谷で厳しい修行に打ち込む若くて無名の僧侶の方が求道心と信仰心に富んでいると見たからである。

周知のごとく、このころ最澄や空海は比叡山や四国の室戸《むろと》岬《ざき》などに籠って厳しい修行に専念して仏教の奥義を体得しようとしていた。彼らは用意されたエリートコースを自ら外れてアウトローの仲間入りをしたのであり、当時の世間の人々にとっては理解しがたい行動であった。しかも、律令制の下では山岳修行者は捕縛されて流罪に処せられる危険もはらんでいた。

もし、最澄や空海が聖武天皇の時代に生きていれば、運よく罪に問われずに済んだとしても、重用されることは決してなかっただろう。しかし、時代は変わった。若くて無名でも求道心に富み、信仰心の篤いものが求められる世の中になった。ここに最澄や空海が活躍するお膳立てが整ったのである。

光仁天皇の次に皇位を継承したのは息子の桓武《かんむ》天皇である。桓武天皇は律令制度を復活させて中央集権の強化を図るとともに、仏教界の粛正と再編成に前帝以上に力を入れ、とりわけ最澄を重用して若くして内供奉十禅師《ないぐぶじゅうぜんじ》（宮中にあって天皇の病気平癒などの祈願を専門に行う十人の高僧）に抜擢《ばってき》した。このことは堕落した奈良の仏教界に対する警鐘の意味もあったのである。

また桓武天皇は、すでに破綻状態にあった平城京はもはや再生不能と判断し、延暦《えんりゃく》三年（七八四）には京都の長岡京《ながおかきょう》に遷都した。つまり、平城京は見捨てられたのである。しかし、長岡京の建設は思うように進まず、延暦一三年（七九四）には急遽《きゅうきょ》、平安京（京都市内）に遷都した。そして遷都に当たっては、法隆寺や東大寺といった奈良の大寺は一ヵ寺たりとも移転しなかった。これは腐敗堕落した奈良仏教に対する決別の強い意志表明だったといえよう。

桓武天皇の次に皇位を継承したのは嵯峨《さが》天皇である。嵯峨天皇は桓武天皇以上に律令制の復興に力を入れ、仏教界の再編を主導した。天皇は空海を重用して高野山を下《か》賜《し》した。高野山は密教の根本道場となると同時に、山岳信仰の拠点ともなったのである。

このようにして、山岳修行者は山中に自由に分け入って修行に打ち込むことができるようになり、修行者の数は日増しに増えて行った。また、空海以降は密教と結び付き、特定の寺院を持たない山岳修行者は、閉山期間や積雪期には天台宗か真言宗の密教寺院に寄宿するようになった。そして、鎌倉時代にかけて山岳修行者は増加の一途を辿り、室町時代のはじめには「修験道」という一宗派として独立したのである。

山伏の祖・役小角とはどんな人物か

役小角《えんのおづぬ》（六三四伝〜七〇一伝）は修験道の祖として仰がれ、各地の霊山で絶大な信仰を勝ち得ている。しかし、その人物像は今なお謎に包まれており、実在の人物かどうかを疑う向きもある。

伝説では、若くして奈良の元興寺で孔雀明王法を学んだといわれている。孔雀明王法とは雨乞いや国家安泰などを願う密教の加持祈禱で、真言密教では最も重要な秘法とされる。役小角は奈良時代以前の人とされているが、孔雀明王法は日本の雑密《ぞうみつ》として伝えられたもので、虚空蔵菩薩求聞持法などとともに、空海が純密を伝える以前から山岳修行者の間で行われていたと考えられている。また、葛城山《かつらぎさん》や熊野、大峰山《おおみねさん》で修行し、吉野の金峯山寺《きんぷせんじ》で蔵王権現《ざおうごんげん》を感得し、この蔵王権現が後に修験道の本尊として仰がれるようになった。

さらに伝説では、二〇代のころに藤原鎌足《ふじわらのかまたり》の病気を治したといわれ、医療にも専門的知識と治癒に関する技術を持っていたとされる。この医療に関する知識や技術は後に修験道に受け継がれることになり、陀羅尼助《だらにすけ》という万病に効くという丸薬も作られるようになった。そして、空中を自在に飛翔して各地の霊山をほとんど瞬間移動したという。また、前鬼、後鬼という二匹の鬼神を使って薪割りや水汲《く》みなどの雑務を行わせて、自らは修行に専念したという。

これらの伝説は平安時代に著された日本最古の説話集である『日本国現報《げんぽう》善悪霊異記』、通称『日本霊異記』に収録されている。そして、修験道が確立した室町時代には『役行者本記《ほんぎ》』などが作られ、伝説にさらに尾ひれがついて修験者を通じて民間にも流布し、「山伏の祖」と仰がれるようになった。

役小角の実像

役小角《えんのおづぬ》の人物像は、ほとんどは伝説の域を出ない。しかし、正式な史書である『続《しょく》日本紀《にほんぎ》』の中に、ほんのわずかに彼の足跡を辿ることができる。『続日本紀』は『日本書紀』の跡を受けて第四二代・文武《もんむ》天皇から第五〇代桓武天皇までの天皇の事績と出来事を綴《つづ》ったもので、「六国史《りっこくし》（『日本書紀』『続《しょく》日本紀』『日本後紀』『続日本後紀』『文《もん》徳天皇実録《とくてんのうじつろく》』『三代《さんだい》実録』）」の一つで正史（正規の歴史）とされている。

その『続日本紀』の文武天皇三年（六九九）の項に次のような記述がある。

「文武天皇の三年、役小角を伊豆大島に流罪にした。もともと小角は葛城山に住んで呪術を巧みに操ることで人々から称賛されていた。（その名声は中央にも知れ渡っており）外従五位下《げじゅごいげ》の韓国連広足《からくにのむらじひろたり》が師と仰いだほどだった。（しかし）その後、広足は小角の呪術の能力を妬み、小角が妖術を使って（人々を惑わして）いるというかどで讒訴した。そこで（小角を）遠い所へ配流したのである。世間では小角は鬼神《きじん》を使役することができ、水を汲ませたり、薪割りをさせたりしていた。そして、鬼神が命令に従わない場合は彼らを呪縛したという」

最後の「世間では云々《うんぬん》」の話は伝説的な噂話であるが、それ以前の部分は短いながらある種の史実を反映しているものと考えられる。『日本霊異記』などにあるように、小角は葛城山を拠点に山岳修行を行っており、呪術に長《た》けているということで人々の間にその噂が広まっていた。そして、その話は中央にも達しており、韓国連広足《からくにのむらじひろたり》が師と仰いだほどだった。

広足の属する韓国氏は仏教の受容を巡って蘇我氏と争った物部氏の分流で、先祖が韓国、つまり、唐国（中国）や朝鮮に渡ったことから韓国氏を名乗った。韓国氏は律

前鬼と後鬼を従える役小角（北斎漫画／国立国会図書館デジタルコレクション）

令制の下で設置された典薬寮《てんやくりょう》（医薬を司《つかさど》る役所で今でいえば病院に当たる）に所属し、広足は典薬頭《てんやくのかみ》（典薬寮の長官）を務めていた。先祖が韓国に渡ったのは医薬や医療の知識や技術を習得するためだったと考えられる。

韓国広足は呪術に長けていたが、役小角には及ばなかった。そこで、小角を師と仰ぎさらなる呪術の上達を望んだというが、小角の呪術が人々から称賛されていることに嫉妬《しっと》して讒訴《ざんそ》に及んだものと考えられる。広足は天平《てんぴょう》三年（七三一）に外従五位下《げじゅごいげ》に任ぜられている。律令制の下では五位以上が貴族とされていたから、かなり高い身分の高官だったことが分かる。いっぽう、役小角は正式の僧侶でもなく、もちろん官位にもついていないアウトローである。

そんなアウトローの不穏分子が自分よりも高い能力を持ち、名声を得ていることに嫉妬し、危機感を抱くのは当然であろう。これは当時の国家が、奈良の大寺の高僧よりも僧階《そうかい》（僧侶の階級）も官位も持たない行基などのような者が求心力を得ることに危機感を抱き、これを厳しく取り締まったことと通じるものがある。

役小角は姓を「君」といい、「役君《えのきみ》」と呼ばれている。室町時代に修験道が確立して山伏の祖と仰がれるようになってから「役行者《えんのぎょうじゃ》」と呼ばれるようになった。さらに俗説では、頭上に小さな角が生えていることから「小角」と呼ばれたともいわれている。人里離れた山中を拠点とする役小角の氏族は、鬼のイメージを持たれていたのかもしれない。

また、賀茂《かもの》役君小角という名も見える。賀茂氏は京都の賀茂社（上賀茂《かみがも》神社、下鴨《しもがも》神社）の巫女《みこ》として仕えていたと考えられている。ここで巫女とは呪術をもって神に仕えるシャーマンのことで、男女を問わず使われる名称である。そして、彼らが神憑《かみがか》り（トランス状態）になって神意（神の意向）を伝える。古代社会では世の中は万事、神の意向に則《のっと》って動かされるのであり、神社にとってシャーマンは欠かすことのできない存在でどこの神社にも常駐していた。

小角の父は大角《おおづぬ》、母は白専女《しらとうめ》という人で、父は出雲から婿入りしたと伝えられている。言うまでもなく出雲は日本最古の聖地のひとつで、ここにも出雲大社に仕える有力なシャーマン集団がいたことは確かである。そして、賀茂氏と縁戚《えんせき》関係を結ぶことによって、シャーマンとしてのより強固な地位を確立することを狙ったのではないか。いずれにしても、両氏の血筋を継ぐ小角がシャーマンのＤＮＡを十分に具《そな》えていたことは想像に難くない。この話も伝説の域を出ないが、小角のシャーマンとしての並外れた能力を示唆しているのではないだろうか。

また、下鴨神社の祭神の一柱は建角身神《たけつぬみのかみ》という神号である。この「角」も小角や父の大角の「角」に関連していて、賀茂氏出身の小角の存在を暗示しているのではないだろうか。

以上の伝説とほんのわずかな歴史的資料を総合すると、役小角は巫女集団の出身で葛城山《かつらぎさん》などの霊山で道教の神仙術や仏教の雑密の修行法を用い、優れた呪術的能力を身につけていたことが分かるだろう。

そして、六九九年には妖術を使って人心を惑わしたという咎《とが》で捕縛され、伊豆大島に流された。役小角は神出鬼没で葛城山や吉野など各地の霊山で同時に目撃されたという。これは当時、おそらく役小角に匹敵する呪術的能力を備えた山岳修行者が複数確認されており、彼らに対する一斉摘発が行われたことを意味しているのではないだろうか。

前にも述べたように、役小角が実在したかどうかについてはっきりしたことは分からない。しかし、伝説は必ずしも荒唐無稽《こうとうむけい》の作り話ばかりとは限らず、そこにはなにがしかの伝説の核となる史実があったと考えられる。役小角の人物像もさまざまな伝説に彩られているが、その核となる人物は存在したと見るのが妥当ではないだろうか。

その核となる人物とは、各地の霊山で修行してその存在が知られていた複数の役小角クラスの修行者だったのではないか。つまり、彼らの存在を合体して役小角という修行者のキャラクターが創り上げられたと考えられるのである。これは聖徳太子や弘法大師がさまざまな伝説を融合して一人のキャラクターとして語り継がれていることと類似している。

前鬼・後鬼

役小角《えんのおづぬ》は前鬼《ぜんき》と後鬼《ごき》という二匹の鬼を従えて彼らに水汲みや薪割りといった雑用をさせて、自らは修行に専念したという。そして、彼らが言いつけに従わないと術をかけて縛り上げたという。

向かって右に従う前鬼は斧《おの》を持ち、左に従っている後鬼は水瓶《みずがめ》を持っているのが、良く見られる役小角像の前鬼と後鬼の姿である。両者は四天王が踏まえる邪鬼《じゃき》に似た姿で、忿怒《ふんぬ》相（怒りの表情）で筋骨隆々としているが、邪鬼は手足の指が三本のものが多いのに対して、五本揃っている。邪鬼はもともと心の中の邪念を造形化したものといわれ、空想上の「鬼」のイメージから作り出された姿である。手足の指を三本にしているのは人間とは異なる存在であることを強調しているのではないかと思われる。

これに対して前鬼、後鬼の指が常人と同じく五本揃っているのは、彼らのモデルが人間であることを暗示しているのではないか。

山岳修行から生まれた万能薬

奈良県吉野の金峯山寺に行くと、参道の入り口から「陀羅尼助《だらにすけ》」という看板が山門まで続いているのが目に付く。陀羅尼助とは万病に効くという薬で、役小角《えんのおづぬ》がキハダという樹木の樹皮を煮詰めたエキスを原材料として作ったと伝えられている。役小角はこの陀羅尼助を人々に処方して病を癒したという。

キハダは別名、黄檗《おうばく》というが、樹皮の裏側が鮮やかな黄色であることから「黄肌（キハダ）」と呼ばれている。禅宗の一派、黄檗宗《おうばくしゅう》は中国南部の黄檗の木が繁茂している黄檗山で開創されたことからその名を宗派名とした。

キハダは古くから健胃剤や下痢止めとしてその効用が知られており、現在も市販されている「ワカ末」という下痢止めの薬もキハダを原料として作られたものである。また、樹皮の鮮やかな黄色は「黄檗色《いろ》」ともいわれ、これを煮だして染料にも用いられる。黄檗で染めた布は防虫効果があり、漆器や軸物などを包む黄色い布は黄檗で染色したものである。

この陀羅尼助のルーツが役小角に求められるのは、山岳修行者が早くから薬や医療にかなりな知識を持っていたことによると考えられる。前にも触れたが、一人か数人で山中で修行する彼らは、ケガや病気のときに自分たちで対処しなければならない。医療の知識があることは、身を守るための必須条件だったのである。また、初期の山岳修行は道教の神仙術《しんせんじゅつ》を取り入れていたが、仙人になるためには不老長寿や空中飛翔を可能にする丸薬を作ることが求められた。

そこで彼らは早くから丸薬造りをしていたのであり、それが山伏（修験者）の祖としての役小角に結び付けられたものと思われる。また、「越中富山の反魂丹《はんごんたん》　鼻くそ丸めて万金丹《まんきんたん》　それを呑む奴アンポンタン」という言葉が俗謡にも歌われている。万金丹も陀羅尼助と同じように健胃薬として重宝された薬だが、もともとこれは伊勢神宮の背後の朝熊《あさま》山《やま》にある金剛證寺《こんごうしょうじ》で作られていたものである。金剛證寺は弘法大師が開いたといわれる山岳信仰の寺であるが、この寺の修験者たちによって作られるようになったと考えられている。

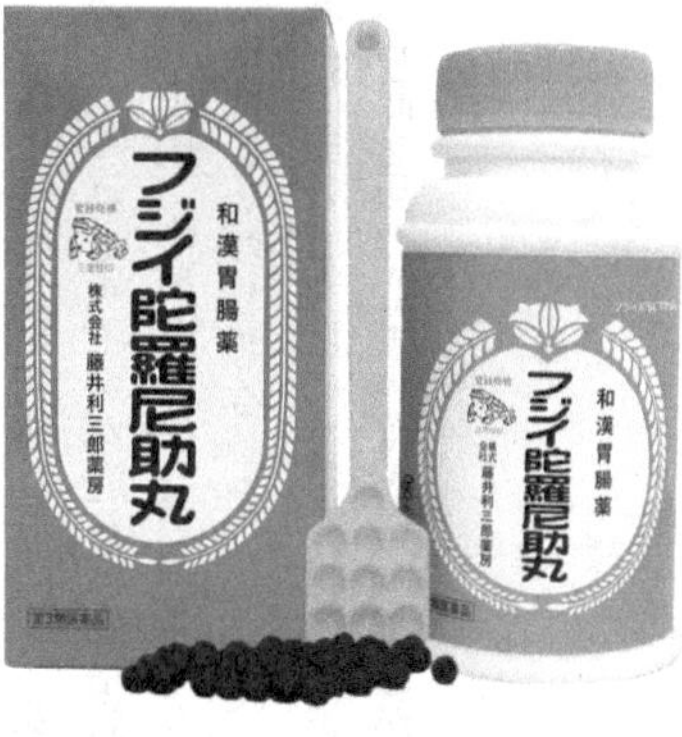

陀羅尼助（(株) 藤井利三郎薬房提供）

　室町時代の後半から江戸時代にかけて空前の伊勢参宮ブームが起こり、伊勢土産として人気を呼び、それが全国に普及したのである。このような薬は各地で作られていたようであるが、それらの多くは山岳修行者に関係があるらしい。そして、富山の反魂丹は富山県で作られたもので、これが富山の薬売りのルーツともなった。反魂丹は富山藩主が腹痛で苦しんだときに、この薬を服用したところたちどころに腹痛が治まったという。このことから藩の庇護《ひご》を受けて富山の薬売りとともに全国に広まったのである。

さらに各地の山間部の寺には、薬草を入れた薬湯という浴場を持っているところがある。これもルーツを辿れば山岳修行者に辿り着くのかもしれない。医療の貧弱な時代、山伏（修験者）たちが薬を処方したり祈禱を行うことによって民間の疾病対策にも貢献したのである。そして、彼らは布教や衆生救済のために各地を巡歴し、その先々で薬などを広めて行ったのである。このように、山伏は民衆の教化や救済に多大な貢献を果たしていたということができる。

第三章　山の神とその信仰

田遊び・御田植祭

一月の中ごろに、人々が田んぼの中で泥んこになって転がり回っている光景をニュースなどで見ることがある。これは「田遊《たあそ》び」などと呼ばれているもので、今も全国各地で行われている伝統行事である。

日本では古くから山の神は春先に山から降りて来て、耕作を手伝い秋に収穫が終わると再び山に帰っていくと考えられていた。山の神を迎える神事が東海地方などでは「田遊び」と呼ばれ、他の地方では「御田植祭《おたうえまつり》」「御田《おんだ》」「春田打ち」「泥んこ祭」などさまざまな名で呼ばれている。

この神事は田起こしから苗代《なわしろ》作り、田植え、収穫までの一連の農作業を模擬的に行うもので、作業が順調に行われて豊作になったことをあらわすものだ。また、このように予《あらかじ》め豊作などの慶事を期待して行う行事を「予祝《よしゅく》祭」といい、日本では古くから行われている民間行事である。

伊勢神宮の別宮《べつぐう》で三重県志摩市にある伊雑宮《いざわのみや》では、毎年六月二四日に「御田植祭」が行われ、日本三大御田植祭（他は大阪の住吉大社《すみよしたいしゃ》と千葉県の香取神宮《かとりじんぐう》）の一つとして有名である。伊雑宮に隣接した田んぼで、田植えの前に「団扇竹《うちわだけ》」という大きな団扇のついた忌竹《いみだけ》を男たちが泥まみれになって奪い合う行事がある。この忌竹や団扇をちぎったものを家々にまつって五穀豊穣《ほうじょう》や豊漁、家内安全などの守護とする。その後にあかね襷《たすき》に菅笠《すげがさ》の早乙女《さおとめ》が田んぼに入って田植えを行い、それが済むと奉仕者による直会《なおらい》が行われる。その後、田楽《でんがく》などの歌舞《うたまい》が披露され、最後は「踊り込み」と称して伊雑宮の一の鳥居まで練り歩き、夕方には神事が終了する。

また、大阪の住吉大社《すみよしたいしゃ》の御田植神事は境内の神田《しんでん》（神に供える稲を作る神聖な水田）で毎年、六月一四日に行われる。この神事は第一四代・仲哀《ちゅうあい》天皇の妃の神功《じんぐう》皇后のときに始まった。鎌倉時代には現在のような形式が整えられたと伝えられている。早乙女による田植えに続いて巫女《みこ》舞や武者行列などがあり、最後の住吉踊のころに田植えが終わる。毎年、地元の人など多くの見物客で賑《にぎ》わう。

また、住吉大社の周辺は置屋《おきや》や料亭が並ぶ三業《さんぎょう》地で、室町時代には一休《いっきゅう》禅師も訪れたといわれる繁華な土地柄だった。江戸時代にはここの芸者衆が早乙女に扮《ふん》し、贔屓《ひいき》の旦那衆《だんなしゅう》が酒や弁当を用意して見物して盛り立てたことでも知られている。

また、千葉県の香取神宮《かとりじんぐう》の御田植祭は、毎年四月の第一土曜日と日曜日の二日間に行われ、一日目を「耕田式」、二日目を「田植式」といっている。初日の「耕田式」では拝殿の前で鎌《かま》や鍬《くわ》、鋤《すき》などの農具や牛（人間が着ぐるみを着たもの）を使って田を耕す光景を再現し、稚児による田舞《たまい》という舞が披露され、早乙女が田植えの所作をする「植初め神事」などが行われる。そして、翌日の「田植式」で早乙女などが田植え歌を歌いながら参道下の神田で田植えをして祭が終わる。

雪国では、神社の境内の雪の上に一定の区画を設けて四方に忌竹を立てて注連縄《しめなわ》を巡らし、そこに松やスギ、笹《ささ》などを植えて模擬的な田植えを行う。これに並行して、田植え歌を歌い舞を舞ったりするのは他の御田植祭と同じである。

東北地方では「えんぶり」という独特の舞が披露されることが多い。鎌倉時代に始められたといわれ、さまざまな彩色を施した大きな烏帽子《えぼし》を被《かぶ》った踊り手が、独特のリズムに合わせて踊る。

また、御田植祭は豊作を祈願することから人の生殖能力と結び付けられた。祭に伴って演じられる神楽《かぐら》の終盤では、男女が疑似的に性的な行為を行う場面がある。たとえば、奈良県の飛鳥坐《あすかにいます》神社では、天狗《てんぐ》(男役)とオカメ(女役)が登場して性交の場面を模擬的に演じ、最後にオカメが紙で股間《こかん》を拭《ぬぐ》う仕草をしてその紙を観客に向かって投げる。これは「拭《ふ》く神」から語呂《ごろ》合わせで「福紙」、すなわち「福の神」として喜ばれ、それを持ち帰った人の家には福の神が宿って豊作をもたらしてくれると信じられてきた。

御田植祭ではこのような性的行為を伴う神楽などがどこでも行われてきたが、明治の神仏分離で淫猥《いんわい》な習俗であるとして「邪宗門」、いわゆる淫祠邪教《いんしじゃきょう》として禁止された。しかし、戦後は復活したところも少なくない。

能登《のと》の「あえのこと」

能登半島の真ん中にある能登空港から車で進んでいくと、「あえのことの里」と書かれた看板が目に付く。「あえのこと」とは能登半島で古くから行われている田の神迎えの伝統行事で、石川県の珠洲《すず》市、輪島《わじま》市、能登町、穴水《あなみず》町などを中心に今も行われている。

毎年一二月の四、五日ごろに各農家の主人が紋付袴《もんつきはかま》姿の正装をし鍬を担いで冬枯れの田んぼに向かい、田を掘り起こして田の神を呼び覚ます。それから主人が先導して「田の神さまどうぞ、どうぞ」と言って腰をかがめ首を垂れ気味にして家まで案内するのだが、途中、段差や水たまりなどがあると「田の神さま、危のうございます！お気を付け下さい」などと言いながら進む。

各家の床の間には米俵が備えられ、祭壇には二股大根《ふたまた》と箸《はし》二膳を置いてある。これは男女の田の神を想定しているのである。田の神が家に入って上座に坐《すわ》ると、主人は祭壇に向かって下座に坐り、「田の神さまようこそおいで下さいました」などと畳に頭をつけて鄭重《ていちょう》に挨拶《あいさつ》をした後、「田の神さま、お風呂《ふろ》になさいますか？　お食事になさいますか？」と尋ねるが、答えは決まっていて先《ま》ず風呂に案内する。風呂には手ぬぐいなどが用意されており、主人は田の神の入浴の途中で「田の神さまお湯加減はいかがでしょうか?」とたずねる。これも答えは決まっていて「ああ、ちょうどよろしゅうございますか」と主人が応答することになっている。

風呂から上がると田の神を客間に招くのであるが、このとき、祭壇前には小豆《あずき》飯や魚、大根、里芋の煮物、それに甘酒の入った二本の徳利が神饌《しんせん》(神の食事)として供えてある。そして、主人は神饌の一つひとつについて「こちらはお魚でございます、こちらは里芋の煮物でございます、粗末ではございますが、山海の珍味をご用意いたしました」などと口上を述べる。

田の神さまの食事が一時間ほどで終了すると、隣の寝室に田の神を招く。寝室には夜具(布団)が用意してあり、主人が口上を述べながら招き就寝の挨拶をする。これが終わると家族の者が神饌をいただいて直会をするのである。直会は神人共食《しんじんきょうしょく》といわれ、神と同じものを食べることによって神のエネルギーを人間の身体の中に取り込む効果があるといわれている。

田の神はその後も農家に居続けて年を越すと考えられているが、田の神が来訪した初日のように風呂に入らせて神饌を供えるということはしない。そして、翌年の二月九日には田の神は山に帰って行く。このとき主人は再び正装して鍬を持って先導し、田を掘って田の神を送り出すのである。

能登の「あえのこと」（能登町役場提供）

この「あえのこと」は戦後の高度成長期には衰え、簡略化されていった。しかし、昭和五一年（一九七六）に国の重要無形民俗文化財に指定されると、マスコミに取り上げられて注目されるようになった。それまでは正装といっても羽織袴ではなく背広姿か普段着、神饌についても伝統的な料理ではなく揚げ物や洋種の果物などを上げている家が多かったというが、マスコミに注目されて露出度が高くなると過度な演出も目立つようになったという。そして、平成二一年（二〇〇九）にはユネスコの無形文化遺産に登録された。

柳田国男《やなぎたくにお》は『日本の祭』の中で、日本の祭は経済的、政治的な事情を反映して時代とともに変遷を続けてきた。それは当然のことであるが、その根底には古くから変わらない核となる祭の様式があるはずである、というようなことを書いている。また、柳田は「祭《まつり》」と「祭礼《さいれい》」の違いについて言及し、本来「マツリ」は家々や村々を単位とした素朴な信仰であり外部の人の目を意識したものではない。諏訪大社の御柱祭《おんばしらまつり》や浅草寺《せんそうじ》の三社祭《さんじゃまつり》も「マツリ」なら、家々で行われる年忌法要なども立派な「マツリ」であるが、「マツリ」が一たび注目されると外部の目を意識して過度な演出が行われるようになる。しかし、「マツリ」の中核をなす原初的な精神は一貫しているといったことを述べている。「あえのこと」などの予祝祭《よしゅくさい》も、近現代に至る以前から変遷を繰り返してきた。しかし、降臨した田の神を饗応《きょうおう》して豊作を祈願しようとする人々の素朴な精神は一貫して保たれているのである。

諏訪大社の御柱祭

長野の諏訪大社の「御柱祭」は、七年に一度の「式年大祭」である。「式年大祭」とは二〇年に一度の伊勢神宮の式年遷宮のように、七年とか二〇年と年限を区切って行われる例大祭のことである。七年に一度というのは丸六年に一度という意味で、年忌法要と同じように祭のあった年を一年と数えるいわゆる数え年である。伊勢神宮の式年遷宮も数え年で数えれば二一年に一度ということになる。

諏訪大社は諏訪湖を隔てて上社と下社に分かれ、さらに上社の前宮《まえみや》と本宮《ほんみや》、下社の春宮《はるみや》と秋宮《あきみや》の四社からなっている。それぞれ四月から五月にかけて山から木を伐り出す「山出し」、伐り出した木を里に引いてくる「里曳《ひ》き」、「上下社宝殿遷座祭《ほうでんせんざさい》」などが行われ、それぞれ上社の一週間後に下社の祭事が行われる。

諏訪大社は農耕の神として古くから崇敬されており、御柱祭は五穀豊穣や狩猟の成就を祈願する祭である。諏訪大社の創祀《そうし》は紀元前に遡《さかのぼ》るといわれているが、実際には奈良時代以前の創祀と考えられており、御柱祭も平安時代以前にはすでに行われていたと思われる。

また四社には本殿がなく、背後にある守屋山《もりやさん》を神体山《しんたいさん》として崇《あが》める神奈備《かむなび》信仰（二三〜二五ページを参照）に基づいて創祀されたものと考えられている。守屋山の「守屋」は古代豪族の物部氏の首領の物部守屋のことで、上社の神長官《じんちょうかん》（大宮司）の守矢氏は物部守屋の末裔《まつえい》とされている。

そして、諏訪大社の祭神は大国主神《おおくにぬしのかみ》の御子神の建御名方神《たけみなかたのかみ》であるが、古くは物部守屋にまつわる「洩矢神《もれやのかみ》」を中心として祀《まつ》っていたと考えられている。この「洩矢」という名称は、六世紀の末に蘇我氏と物部氏が最後の決戦に臨んだとき、大木の上に陣取った物部守屋が強弓を引いて聖徳太子目掛けて発射した。しかし、矢はそれて太子は事なきを得た。つまり、矢を打ち洩《も》らしたということから「洩矢神」と名付けられたのではないだろうか。

また、かつて下社は霧ヶ峰《きりがみね》を神体山として崇めていた。霧ヶ峰は古くは「御射山《みさやま》」といわれ、これも弓を射ることと関係すると考えられる。そして、上社と下社には今も御射山神社が鎮座しており、毎年、八月の末には「諏訪祭」と呼ばれる神事が行われている。

不名誉な来歴を負わされた建御名方神

諏訪大社の祭神の建御名方神は、父親の大国主命が国譲りをしたときに登場する神である。高天原《たかまがはら》から下界を覗《のぞ》いた天照大御神《あまてらすおおみかみ》は、緑に覆われた豊葦原瑞穂国《とよあしはらのみずほのくに》（古代日本の美称）も天津神《あまつかみ》が治めるべきであると言い出した。そこで、天照大御神は大国主命の下に何人かの使者を送り込んで、国譲りの交渉をさせたがどれも捗々《はかばか》しい成果を上げることができない。

業を煮やした天照大御神は、鹿島《かしま》神宮に鎮座する建御雷神《たけみかづちのかみ》（後に春日大社に遷座）を切り札として遣わすことにした。建御雷神は雷を神格化した神で、神界きっての強面《こわもて》の神として知られている。出雲に降り立った建御雷神は、十束剣《とつかのつるぎ》という長い剣の切っ先の上に胡坐《あぐら》をかいて凄《すさ》まじい剣幕で国譲りを迫った。これに対して大国主命は、自分には二人の子どもがいるので彼らの意見も聞かなければならないと応《こた》えた。

そこで先ず呼ばれたのが兄の事代主神《ことしろぬしのかみ》だった。事代主神は身体が小さく気立ての極めて良い釣りが大好きな神である。このときも近くの海で呑気《のんき》に釣りに興じていたが、父の一大事と聞いて駆け付けてきた。そして、建御雷神の凄まじい形相を見るや否や恐れをなして「私には一切、異存はありませんからどうぞご随意になさってください」といい、出雲半島の西の美保関《みほのせき》というところの海中に青柴垣《あおふしがき》という垣根を巡らして「ここから終生、外には出ません」と引き籠《こも》ってしまったという。

そして、次に呼ばれたのが弟の建御名方神《たけみなかたのかみ》であるが、こちらは兄よりも骨があって「そんな理不尽なことを言うのはどこのどいつだ！　そんなに瑞穂国が欲しければ私と戦って腕ずくで取ってみろ！」といって太刀を抜いて構えた。しかし、一太刀入れたところで腕を摑《つか》まれて身動きができなくなった。建御名方神は何とか振り放して猛然と逃げて行ったが、建御雷神の方もすぐさま追跡にかかった。

そして、諏訪湖のところまで来たところで逃げ場を失い斬り殺されそうになった。そこで建御名方神は「私はこの諏訪の地から未来永劫《えいごう》にわたって外には出ませんから、どうか命だけは助けてください！」と命乞《ご》いをしたという。この懇願に建御雷神も温情を与え、命は助けてやることにした。以来、建御名方神は諏訪湖に湖畔に鎮座することになったというのである。

建御名方神は極めて不名誉な経歴を負わされているが、これはもちろん記紀《きき》神話の中の創作である。とくに『日本書紀』は天皇家の万世一系の正統性をアピールするために作られたもので、皇祖神としての天照大御神を頂点にすべての神々を支配下に置く、神々のパンテオンを創り上げることに力点が置かれたのである。そこで、各地に不名誉な来歴を負わされる神が生まれることになったのである。

そしてこの神話から、蘇我《そが》氏《し》との戦いに敗れた物部守屋《もののべのもりや》が諏訪に逃げ延びて「洩矢神」となったのだという話も作られるようになった。しかし、こんな不名誉な話が地元の氏子などから出て来るはずはない。もちろん、大和朝廷が中央集権化を目指す過程で出てきた話である。

一六本の御柱

御柱は長さ五丈五尺（約一六・五メートル）、樹齢二、三〇〇年の巨木を都合一六本立てる。上社は八ヶ岳《やつがたけ》の御小屋《おこや》神林から約二〇キロの道のりを運んで来て、上社前宮と本宮に四本ずつ立てる。下社は霧ヶ峰西麓の東俣《ひがしまた》国有林から約一五キロメートル離れた下社春宮と秋宮に運ばれる。伐採に先立って卜占《ぼくせん》を行い、御柱に用いる木を定める。伐採はチェーンソーや木挽《こび》き（大型の鋸《のこぎり》）は用いず、「忌斧《いみおの》」という穢《けが》れを祓《はら》った特別な斧を使って古式にのっとって行われる。

四社に四本ずつ立てられる御柱は社殿を支える親柱とも考えられ、古くは諏訪大社にも本殿があり、伊勢神宮のように本殿を定期的に建て替える式年遷宮の名残ではないかという説もある。鎌倉時代ぐらいまでは伊勢神宮以外にも春日大社や賀茂社など、有力な神社では式年遷宮が行われていたが、遷宮までの期間は二〇年とする伊勢神宮が最短で、他は三〇年、七〇年に一度、行われていたことが記録にも残っている。そうすると丸六年に一度というのはあまりにも短すぎる。また、御柱祭はすでに鎌倉時代には行われていたことが記録に見えており、その時代には本殿がなかったことも確認されている。従ってこの祭を式年遷宮の名残と見ることには無理がある。

それでは御柱祭は何の目的で行われるのだろうか。一つには、それぞれの柱は神が降臨する神籬《ひもろぎ》（二五～二八ページを参照）の役割を果たしているのではないかということである。とりわけ木が伐り出される霧ヶ峰は、かつては「御射山」と呼ばれる神体山だった。「御射」とは矢を射ることで、古くは矢を射て神木などの聖樹を決めていたことにちなんでつけられた名である。

神霊は先ず山の中の木に依《よ》り付き、その木を伐り出して各社に立てる。山の神はその木を依代《よりしろ》として降臨し、各社に鎮座するのではないだろうか。そして、山の神を迎えた神社では神饌を供え、祝詞《のりと》を奏上したり舞を献納したりして神を饗応するのである。要するに御柱は山の神が降臨する目印（依代）として立てられるのであって、本殿を支える柱ではないのである。

なぜ四本立てられるのか

諏訪大社の神官は、もともとの祭神である「洩矢神」の後裔であるといわれ、神長官を務める守矢氏、禰宜太夫《ねぎだゆう》の小出《こいで》氏、権祝《ごんのほうり》の矢島《やじま》氏、擬祝《こりのほうり》の小出氏、副祝《そえのほうり》の守矢氏の五家が仕えてきた。「神長官」は諏訪生え抜きの一族で神事や祭事など全般を統括する役職、「禰宜」は宮司に次ぐ神職である。また、「太夫」は専門の神職以外の呼び名で神仏習合色が強い。「祝」はかつての神職の呼び名で平安時代には各神社で権威を強めた。そして、「擬祝」と「副祝」は祝に準ずる役職で平安時代ごろからは正式な新職名となりその存在感を増していった。

諏訪大社の神事や祭事、社務全般はこれら「五官祝《ごかんのほうり》」といわれる人々によって執り行われてきたのだが、五家の間にはしだいに確執が生じてきた。これは伊勢神宮の内《ない》宮《くう》と外宮《げくう》、出雲大社の千家《せんげ》家と北島家との間に生じた争いと同類のものである。

すでに述べた通り、諏訪大社は上社の前宮、本宮、下社の春宮、秋宮の四社からなる。このように鎮座地が諏訪湖を囲んで点在するのは、先の五家の争いを緩和する意味合いがあったのかもしれない。それぞれの祝家が御柱を立てて祭祀を行うことによって、混乱を避けたとも考えられるのである。

また、諏訪大社の洩矢神は、一般にはミシャグジの神などと呼ばれている神である。

古くから民間信仰の中で信仰されている一種の塞《さい》ノ神《かみ》で、石を神聖視する石神信仰に由来するものと考えられており、柳田国男もミシャグジの神を石神と考えている。これが全国に数千社あるという諏訪信仰が広まるとともに、諏訪大社の新たな祭神である建御名方神と同一視されるようになったと考えられている。

そのミシャグジの神を祀っていたところに記紀の成立以降、余所《よそ》から建御名方神が流入してきた。先の建御名方神は、この過程でその来歴に汚名を着せられるのであるが、実際に降伏して服従を誓ったのはミシャグジの神（洩矢神）だったのであり、このときに主人公がすり替えられたのである。このような主人公のすり替えは記紀の神話の中ではよく見られ、たとえば、出雲の神は『出雲国風土記』などの中では「杵築《きつき》の大神」の名で呼ばれているが、記紀神話では大国主命と命名された。これは大和政権が、天皇家以外の豪族が崇める在地の神の元の名を用いることを嫌ったためかもしれない。

また、古くは祭政一致が原則で「政」はすなわち「祭」とされ、祭の主導権をとったものが政治的な権力を握った。このような祭祀の主導権を「祭祀権」と呼ぶが、諏訪大社は始めは守矢家が祭祀権を握っていたのだが、その後、外から入って来た勢力、おそらく国司との間で祭祀権の争奪戦が繰り広げられることになったのだろう。

大化の改新以降、大和政権は中央集権化を進めるために各地に国司を送り込んで祭祀権の収奪を図ったのである。そして、祭神ももとのミシャグジの神から建御名方神にすり替えられたのである。そして、このような祭神のすり替えは諏訪大社に限らず全国各地の神社で行われた。

アイヌの風習が混入した奇祭・御頭祭《おんとうさい》

毎年四月一五日、上社で「御頭祭」という他に類例を見ない奇祭が行われる。古くは近隣で獲《と》れる七五頭の鹿や熊、猪などの頭を供えたが今では鹿の頭の剝製《はくせい》を神前に供える。

『菅江真澄遊覧記《すがえますみゆうらんき》』の挿画によれば、神前に供えられるのは熊や鹿、猪だけではない。白兎、白鷺、キジ、山鳥などのほか鯉や鮒《ふな》、エビやアラメ（海藻）などさまざまなものが並ぶ。『延喜式《えんぎしき》（律令制の下で編纂《へんさん》された法令書）』にも見られるように、神饌（神々の食事）はその地域で獲れる旬のものを中心に海のもの山のものなどありったけのものを供えるのが本来の趣旨である。そこで、諏訪大社でもアラメを供えているのである。

ちなみに、獣の頭を供えることから「御頭」は熊や鹿の頭のことと思われがちだが、これは祭の頭（かしら）の意味で、祭を執行するリーダーの意味である。

このように、氏子が当番制で祭のリーダーを務める慣習は古くはどこの神社でも見られたが、今ではこの風習を残しているところはほとんどない。今は山間部などの神社には専属の神職がおらず、氏子の長老などが神事を司《つかさど》っていることが少なくないが、古くはどこの神社でも専門の神職がいなかったことから、氏子の代表が当番制で務めていた。

また、関東などでは神職のことを「神主《かんぬし》」といい、関西では「禰宜《ねぎ》」と呼ぶところが多い。禰宜は神職の正式名称で、現在も神社では宮司の下に位置している。これに対して神主は神職名ではなく祭を主宰する人という意味で、今の伊勢神宮では「祭主」に当たり、かつて「斎王《さいおう》」と呼ばれていたものである。仏事でいえば神主は葬儀のときの喪主、年忌法要などのときの施主に相当する。

いっぽう、禰宜や宮司といった神職は神主の依頼を受けて祭礼に必要な神事などを執行する。つまり、神職は祭礼全般に関してはあまり関与しないのが一般的である。例えば京都の祇園祭《ぎおんまつり》の神主は氏子の組合で、その奉賛会の依頼を受けた八坂《やさか》神社の神職が必要な神事を執り行うのであり、祭の主導権を握っているのはあくまでも神主なのである。

御頭祭は近世までは日程が決まっておらず、春先に柳の芽がふいたのを合図に行われていた。また、日本の神社の神饌は魚介と鳥は供えても良いが、四つ足のものを供えることはタブーとされている。御頭祭のように鹿や熊などを供える祭礼は他に見られない。

この祭は「イヨマンテ」と呼ばれるアイヌの熊祭が混入したとも考えられている。アイヌは春先に未だ冬眠から覚めやらない熊を射止めるのだが、そのとき、熊の穴には子どもがいる。彼らは子熊は殺さないで連れ帰って夏前まで育てるのだが、それ以降、大きくなると他人を襲うことから熊祭を行って熊を殺して食べる。御頭祭はこの風習が取り入れられたものと見られている。

また、古くはアイヌは東北以南の広範な地域に進出していたことが分かっている。千葉県には安房夷隅《あわいすみ》という地名があるが、ここはかつて蝦夷《えぞ》（アイヌ）が棲《す》んでいたことからついた名である。大化の改新以降、静岡の美保の松原に関が設けられたが、この関は蝦夷の南下を防ぐことを目的としたものだったと伝えられている。このように見て来ると、諏訪の辺りにもアイヌが流入してきていたことは想像に難くない。

また、東北を中心に狩猟生活をするマタギは、仕留めた熊などの肉の一部を神に捧《ささ》げて山の神に感謝の意を捧げる。これも御頭祭と通じるところがあるだろう。つまり、御頭祭はアイヌやマタギの文化が混入した山の神を崇める「狩猟祭」であることが分かるだろう。

繰り返すが、ふつう日本の神では四本脚の獣の肉は禁忌されて供えることはタブーである。奈良の春日大社の若宮《わかみや》の例祭のときには、鴨や山鳥など数多くのトリが供えられるが、四本脚の獣の肉はない。他の神社でも神饌（神に供える食物）として許されるのはトリまでである。御頭祭のように多くの獣肉を供える神社は他に例がなく、この点からもアイヌやマタギの習俗の影響があるものと考えられている。

ちなみに、愛知県岡崎《おかざき》市にある龍城《たつき》神社では、元日の初詣《はつもうで》のときにウサギ汁が振舞われる。岡崎は徳川家康の生まれ故郷であるが、家康の先祖が関東から三河《みかわ》（愛知県東部）に移動してきたとき、途中の長野県の山中で年を越すことになった。その際、ウサギの入った雑煮を食べて新年を祝ったという。以来、元日にウサギ汁を振舞うようになったという。

ウサギも四つ足の動物であるが、古くから一羽、二羽と数えてトリの仲間に入れている。これは僧侶《そうりょ》が獣肉を食べることを憚《はばか》って、ウサギの前足が短く、長い耳が羽のように見えることを理由に、トリであると嘯《うそぶ》いてウサギを食べていたことによるともいわれているが、はっきりしたことは分からない。

恐山とイタコ

青森県の東部、下北《しもきた》半島に位置する恐山《おそれざん》は、比叡山や高野山とともに日本三大霊場の一つとして、古くから多くの信仰を集めている。山上には宇曾利《うそり》山湖《やまこ》というカルデラ湖があり、周囲を釜臥山《かまふせやま》、大尽山《おおつくしやま》、小尽山《こづくしやま》、北国山《きたぐにざん》、屏風山《びょうぶさん》、剣山《つるぎのやま》、地蔵山《じぞうやま》、鶏頭《けいとう》山《さん》の八つの峰に囲まれており、その中心の恐山菩提寺がある。宇曾利山の名はアイヌ語の「ウショロ（くぼみ）」に由来するといい、カルデラ湖の窪《くぼ》みから取った名であろう。

一帯は火山性ガスと強い硫黄の臭いに包まれ、草木はまったく見られない。荒涼とした山域は地獄のイメージを彷彿《ほうふつ》とさせることから「賽《さい》の河原」や「血の池」などの名が付けられている。

伝承によれば、平安時代初期の貞観《じょうがん》四年（八六二）に慈覚《じかく》大師円仁《えんにん》が唐（中国）に留学していたときに「都の東方三〇日余りのところに霊山がある。そこに地蔵大士一体を刻んで納めよ」との夢告《むこく》があった。円仁は、山寺立石寺《りっしゃくじ》や平泉中尊寺《ひらいずみちゅうそんじ》を開くなど、東北地方への仏教の布教に力を入れていた円仁は、恐山の場所を突き止め、苦心の末に登って地蔵菩薩を祀ったという。これが恐山菩提寺開創の縁起である。

恐山菩提寺の開創以前から、地域の人は死ぬと恐山に行くと信じていた。これは全国各地に古くから見られる他界信仰で、神道や仏教などに分類することのできない、いわゆる宗教以前の信仰である。そして、円仁が恐山菩提寺を開創して地蔵菩薩を祀ると、神仏習合して地蔵信仰と結び付いた。地蔵菩薩は地獄とこの世の境にある賽の河原に立って死者を地獄から引き揚げてくれるといわれ、平安時代ごろから厚く信仰されるようになった。

また恐山の山麓《さんろく》には、古くからイタコと称する霊媒師《れいばいし》がいた。イタコは亡くなった人と会話ができるといい、死者の言葉を遺族などに伝える役割を果たした。これを「口寄《くちよ》せ」といい、毎年七月二〇日から二四日に行われる「恐山大祭」には、亡くなった人の言葉を聞こうと各地から人々が集まる。

ただ、このような大規模なイタコの口寄せが始まったのは明治以降のことである。明治維新の神仏分離で修験道が禁止されるとともに寺社に寄生し、あるいは各地を巡歴して加持祈禱などを行って生計を立てていた半僧半俗の民間の宗教者も排除された。職を失ったこれらの宗教者たちは、まだ神仏習合に関する規制の目が届きにくい本州最北の恐山に参集して、口寄せなどを行うようになったのである。

『菅江真澄遊覧記《すがえますみゆうらんき》』の著者、菅江真澄は夏と厳冬期の二回、恐山に登った。しかし、冬は六尺（二メートル弱）を超える積雪があって菩提寺の住職以外に人っ子一人見かけられなかったといい、夏には山上の温泉に入る湯治客はいたものの、イタコの口寄せなどは行われていなかったと記している。

また、明治二五年（一八九二）には作家の幸田露伴《こうだろはん》が恐山を訪れて『易心後語《えきしんごご》』という紀行文を著わしているが、それによると、当時はすでにイタコの口寄せを目当てに大勢の参詣者が登っていたと記されている。

イタコは神の意思を告げる巫女《みこ》（シャーマン）で、菅江真澄は神の「委託」すなわち、神から授かった言葉を伝えるものであると解釈している。また、柳田国男はアイヌ語の「イタック」（神がこう仰《おつしや》った）という言葉に由来するのではないかという説を立てている。当時、青森辺りにはアイヌが集落をつくって住んでおり、日本人と同化しているアイヌも相当数あったことが知られている。このような事情から、アイヌの文化がかなり入り込んでいたものと考えられる。

また、イタコは弓を手にして占うといわれているが、これは神の降臨を期する所作と考えられる。神の降臨を促して神意を窺うときには、琴などの弦楽器を奏でるということが記紀の神話にも見えている。第十四代、仲哀天皇が熊襲《くまそ》平定のために九州に遠征したとき、琴をひいたのはアイヌの習俗や古くからの神降《かみお》ろしの習俗を無意識のうちに取り入れたのかもしれない。

縄文時代の東北地方は、今よりも気候が温暖で積雪もほとんどなかったといわれている。実際かなりの数の縄文人が住んでいたことが分かっていて、そのことは三内丸《さんないまる》山《やま》遺跡などからも実証されている。菅江真澄も各地で埴輪《はにわ》や土器の出土品を見聞しており、中には神社の御神体として祀られているものもあったという。縄文時代は呪術や神降ろしなどが盛んで、イタコの口寄せにはそのような縄文文化の継承も見て取れるのではないだろうか。

氷室祭

奈良県をはじめ各地に氷室《ひむろ》神社という神社がある。氷室は文字通り冬に切り出しておいた氷を保存する倉庫のことで、毎年六月一日に「氷室開き」「氷室祭」などの神事を行い、天皇や貴族が氷を食べて暑気払いのはじめとする。奈良の氷室神社は平城京遷都の年、和銅三年（七一〇）に天皇の勅命で創祀された古社で、興福寺《こうふくじ》東山の鎮守、南都《なんと》七大寺《しちだいじ》の産土神《うぶすながみ》として重んじられた。

今も冬の間に結氷した天然氷を保管して各地の飲食店などに配送する製氷所が各地の寒冷地にあり、特に日光や秩父の氷の蔵元は有名で、首都圏のバーやレストランなどに天然氷を卸している。また、このように氷を夏まで保管しておくことはヨーロッパでも行われており、古代ローマではアルプスから切り出してきた氷を保管して、夏季にカキ氷のようにして蜜《みつ》などをかけて食べる文化があったという。

氷室開きや氷室祭は宮中を中心として始められた宮廷文化だったが、時代が下ると各地に普及し、とりわけ寒冷地の東北でも行われるようになった。東北にこのような宮廷文化を伝えたのは、主に中央から派遣された国司たちで、それがアレンジされながら民間の習俗として定着していったのである。

東北では「氷餅《こおりもち》」という、一度凍らせてから乾燥させた餅を特産品として売っているところが多いが、これはもともと山の神への供え物だった。柳田国男は『日本の祭』の中で、氷餅の起源について次のように記している。少し長いが引用しておこう。

毎年、小正月(一月一五日)「関東地方から東北は一帯に、同じ場所に餅を持参し、山祭それを山の神様なり清水の神様なりに上げる。ことに奥羽の各地ではその餅を、山祭の場合にヌサカケと称して、一種の藁苞《わらづと》に挟んで樹の枝に懸け、ロウロウとかシナイシナイとかいって、山の烏を呼んでそれを食べさせるが、清水の神様にはふつう丸餅を半分に割って、一方を水桶の中に入れて持ち帰り、他の半分を水の底に沈め、または井の脇に置いて来る。それ子どもらが、または後から行った者が、竹で刺して取って行き、その代わりに自分の餅の半分を上げて来るのである。これを水の餅といって特別の力があると信じ、凍らせて干して貯えておいて、六月朔日《ついたち》になって出していただくのが今いう氷餅の起こりだったようで、これを歯固めと名づけて食べると歯が丈夫になるといい、あるいは咬み砕いて手足に塗り付けると虫除けになるともいった。現在ではすでにこれを一種の餅貯蔵法のごとくに考え、または正月の手水桶《ちょうずおけ》の飾りのように見ている地方もできているが、幸いにしてその水の餅を半分にして持ちかえるという所がまだ多いので、こんな子供らしい一つの年中行事の中にすら、なお直会(ナオライ)というものの本の気持ちがうかがわれる。すなわち清水を民に与えたまう尊い神が、半ばを召し上がったその同じ餅なるがゆえに、残りの半分にも人を丈夫にし、もしくは虫蛇の害を防ぐほどの、大きな効果が備わると、元は考えられていたらしいのである」

鳥に餅や団子を食べさせるという神事は各地で行われており、広島の厳島《いつくしま》神社の「御鳥喰式《おとぐいしき》」という神事は有名である。このような神事は鳥を山の神の使者と見なし、鳥の食べっぷりによって農作物の豊凶などを占うのである。

また柳田国男は、氷餅について神饌を神と共に食す「直会」の起源の一つだと言っている。確かに神と人が同じ丸餅を半分に割って食べるのだから「神人共食（神と人間が同じものを一緒に食べること）」という直会の定義にはかなっている。

ただ、一般的に直会は神前に神饌を供え、それと同じものを神事に列席した神職や氏子らの前に据える。そして、たとえば木製の椀《わん》が汁などの熱気で膨張してかすかな音を立てたのを神が手を付けた合図と見なし、人々が一斉に食べる。つまり、神事や祭礼のときに神と同じものを神と一緒に食べるのが直会の本義であって、決してお下がりを食べるのではない。このことは柳田国男も『日本の祭』の中で指摘している。

しかし、氷餅はこのような一般的な直会の形とは異なり、一度凍らせた餅を半年間保存して六月一日に食べるのである。柳田国男は「氷室開き」については言及していないが、氷餅の行事は明らかに氷室開きの神事が民間に伝えられて変容したものと見て差し支えないだろう。

赤神

秋田県の男鹿《おが》半島には赤神《あかがみ》神社という景行《けいこう》天皇の二年（紀元七二）に創祀されたと社伝に伝えられている古社があり、五社堂《ごしゃどう》（国指定重要文化財）という五棟の社が建っている。この神社の祭神は赤神山大明神といわれる山の神である。このほかにも東北地方には赤神を祀る神社が多いが、赤神の正体は山中に住まう鬼であるとも考えられている。

青森県の竜飛崎《たっぴざき》には赤神と黒神の伝説が伝えられている。それによると、昔、竜飛崎に黒神という神が住んでいた。その黒神は十和田《とわだ》湖に住んでいる女神に恋をして毎日、毎日、竜に乗って十和田湖を訪ねて女神に求婚したという。しかし、女神はいつももう少し待ってくれというばかりで、はっきりした返事をしなかった。一方、秋田県の男鹿半島には赤神という神が住んでいた。この神も十和田湖の女神に恋をしており、鹿に手紙を託して毎日、毎日、結婚してくれるようにと懇願していたという。

この話には赤神と黒神のどちらが意中の女神を射止めたということには触れられていないが、両神は昔話に良く登場する「赤鬼」「青鬼」のイメージと重なり、これらの神が鬼であることを示唆している。そして、鬼は山に住まう神で、赤神・黒神は山の神の信仰であると考えられる。

また、東北には漢《かん》の武帝《ぶてい》（紀元前一五六年〜八七年）の伝承が多いが、武帝が白鳥に

赤神神社の五社堂

乗って雲に包まれて男鹿半島に飛来した。武帝は赤旗を立てていたが、その回りを赤・青・白・黒・黄色の五色の蝙蝠《こうもり》が付き従っていたという。この五色は夫婦とその三人の子どもの鬼だという。そして武帝が五匹の親子の鬼に男鹿半島の開拓を命じた。鬼たちは一生懸命に働いて見事、開拓を達成したが鬼の父母は疲労困《こん》憊《ぱい》して死んでしまった。

武帝は残った三人の子どもの鬼に、一日だけ好き勝手にしても良いという褒美を与えた。喜んだ鬼たちは里人をさらって食べるなどの乱暴狼藉《ろうぜき》を働いたが、これに恐れをなした里人たちは、赤神神社の五社堂まで千段の階段を一晩で造ることができれば鬼たちの好き勝手にして良いが、もしできなかったら乱暴をやめて大人しく里人の言うことを聞くようにという取引条件を出した。

鬼たちはこれに同意して階段を造ったが、九九九段まで積み上げたときに鶏が鳴いて夜明けを告げた。本当はまだ夜が明けていなかったのだが、里人が一計を案じて鶏の鳴き真似をして騙《だま》したのである。鬼たちは悔しがって、あたりに生えていた杉の大木を根こそぎ引き抜いて逆さに突き立てて帰って行ったという。

このような伝承から漢の武帝は鬼の頭目とされ、赤旗を掲げてやって来たということから赤鬼とされ、さらにはその伝説の地である赤神神社が「なまはげ」発祥の地とされているのである。

鬼は超人的な力を持ってときに人間に危害を加えるが、山の神の一類とも考えられていた。オオカミや熊も他人に危害を加えるが、畑を荒らす害獣を駆除してくれることなどから敬われてもおり、秩父の三峯《みつみね》神社などのように、神の使わしめとして信仰の対象になっているところもある。また、津軽《つがる》には「神場」という地名がある。これを「おにば」と読むというから、鬼と神はまさに紙一重の存在とされていたのである。

しかし、人々が実際に出会った異形《いぎょう》のもののイメージとしては、紀元前二世紀に活躍した漢の武帝はいかにも古すぎる。恐らく赤神（鬼）の実際のイメージは江戸時代の前半から北海道や東北の沿岸に渡来してきたロシア人だったのではないか。ロシア人のことを「赤蝦夷《あかえぞ》」と呼んでいたこともそのイメージを彷彿とさせるものがある。

そして、漢の武帝伝説が語られるようになったのは、武帝が各地に遠征して匈奴《きょうど》を平定したなどの話に由来するのだろう。また先に紹介した伝説のように、竜飛崎の黒神と男鹿半島の赤神が十和田湖の女神を巡って争った話は、蝦夷（アイヌ）と赤蝦夷（ロシア人）の動線を示しているように思われるのである。

赤神神社は江戸時代まで赤神山日積寺永禅院という天台宗寺院を別当寺《べっとうじ》とし、この寺は慈覚大師円仁が貞観二年（八六〇）に創建したと伝えられている。しかし、五社堂の創建は江戸時代中期の宝永《ほうえい》七年（一七一〇）である。恐らくこの時代にロシア人との邂逅《かいこう》があり、赤神信仰が盛んになったのではないかと考えられる。明治の神仏分離にともなって別当寺の永禅院は廃され、赤神大明神をまつる五社堂は神社として独立することになった。

江戸時代の後半に当社に詣でた菅江真澄は、次のように述べている。

かつては四八の坊があり七三〇石の寺領があったが今は一七〇石に減封《げんぽう》になっている。また、今は親寺の永禅院と二坊を残すのみになり、境内の鐘楼には明応二年（一四九三）改鋳の梵鐘がある。五社堂の中央の社に漢の武帝を「阿伽神《あかがみ》（赤神）」として祀り、その奥に薬師仏を秘め祀っている。また、長堂という建物に諸神を祀り、漢の武帝の肖像が掲げられている。その肖像画の武帝の回りの雲中には五色の蝙蝠《こうもり》が描かれている。これは蝙蝠の音が「福」と「祿」に通じる縁起の良い字だからで、中国の慣習に従ったものである（『菅江真澄遊覧記』）。

さらに菅江真澄は、日積寺永禅院は慈覚大師が貞観二年に創建したものだが、この山自体は豊御食炊屋姫《とよみけかしきやひめ》、すなわち後の推古《すいこ》天皇の時代（七世紀の前半）にすでに開かれていたと述べている。出羽三山《でわさんざん》が蜂子皇子《はちこのおうじ》（二三八ページを参照）によって開かれたのが推古天皇の時代と言われているから、この山の開山もその時代に求めたのだろう。ただし推古天皇の時代には、すでに大峰山《おおみねさん》や葛城山などで山岳修行が行われていたと考えられ（一〇九ページを参照）、真澄の見解もそれほど見当はずれのものとはいえないだろう。

また、京都の北部、修学院離宮《しゅがくいんりきゅう》の近くに赤山禅院《しゃくさんぜんいん》という神仏習合の形を現在まで伝えている天台宗の寺がある。ここも慈覚大師円仁の遺命によって開かれた寺で、円仁が唐に留学した時に訪れた赤山の道教の神、泰山府君《たいざんふくん》を赤山大明神として祀っている。泰山府君は閻魔《えんま》大王とともに地獄の十王の一尊に数えられ各地の地蔵堂に祀られているが、天台宗ではこの神を赤山大明神と同神として祀り、守護神としているのである。そして、この神も赤山の山の神であり、円仁が男鹿に赤神大明神を祀ったことを考えれば、やはり赤神と同類の山の神であると見てもいいのではないだろうか。

『古事記』の中の山の神

『古事記』の神話の中で日本武尊《やまとたけるのみこと》が九州の熊襲を平定し、その足で東国（東北）に遠征して蝦夷を平らげた話は良く知られている。だが、最後に滋賀県と岐阜県の県境にある伊吹山の悪神退治に出かけて命を落とすことになる。このとき日本武尊は、自分は東西の強者を平らげた百戦錬磨の勇者であるから、伊吹山などの小山の神など素手で倒してやると豪語し、それまでは肌身離さず携帯していた草薙剣《くさなぎのつるぎ》を持たずに山に入った。

すると、山中で大きなイノシシが現れて行く手を拒んだ。これは山の神の化身で取るに足らないものだ、目指す山の神を成敗した帰りの駄賃に捻《ひね》りつぶしてくれると、またもや口に出して豪語し、白猪を踏みにじって進んでいった。その途端に俄《にわ》かに山が荒れ出し、暴風雨に打たれた日本武尊は体力を消耗して疲労困憊し、フラフラになって麓《ふもと》の伊勢の能褒野《のぼの》というところにやっとの思いで辿り着いた。しかし、ここで力尽きて悲運の最期を遂げたという。

声に出して言葉を発することを「言挙《ことあ》げ」といい、日本では古くからタブーとされている。特に神道では神の前での言挙げは厳しく禁じられており、今も神職は祝詞《のりと》は上げるが、仏教の説法のような話をしない。神道が物言わぬ宗教といわれる由縁《ゆえん》である。最近の若い人たちは違ってきたようだが、かつては特に目上の人の前で自説などを述べることは慎むべきこととされた。

言上げがなぜタブーなのか。人間は自由に意見を述べているうちにどこかで失言をする可能性が高い。失言をすると他者の非難を浴びることになり、よく大臣などが失言をして就任後三日で辞めさせられるなどというのは失言のなせる業である。そして、特に日本の神は失言を聞き逃さず、絶対に許さないで、さまざまな罰を与えるのである。

日本武尊が豪語した白猪は、化身ではなく伊吹山の神そのものだった。だから、天罰覿面《てきめん》という訳で暴風雨に見舞われ、最期を遂げる羽目になったのである。日本武尊はどうも言上げをする癖があったらしく、神奈川県の浦賀《うらが》水道を渡るときにも百戦錬磨の自分はこんな小海は一飛びで渡ってみせると豪語したところ、たちまち海が荒れて危うく海の藻屑《もくず》となるところだった。このときは同行していた妃のオトタチバナヒメノミコトが海に飛び込んで海の神をなだめて事なきを得た。

日本武尊は第一二代景行天皇の第二皇子で、皇位継承順位第二位の高い地位にあった。ただし、現代までの研究では父の景行天皇は実在したかどうかが定かではなく、学者の中には実在を否定する人もいる。従ってその皇子の日本武尊も実在が確実とは認められていない。

また、第二十一代雄略《ゆうりやく》天皇が奈良の葛城山に鹿狩りに行ったとき、この山の神である一言主神《ひとことぬしのかみ》に出会った話が『古事記』に記されている。美しい衣装をまとった天皇一行が山中を進んでいると、それと同じ装束を身に着けた一行が向かいの尾根を進んでいた。それを見た天皇が近づいて名を問うと「私は葛城山の神、一言主大神である」と答えた。これを聞いた天皇は大いに恐れかしこんで、随行のものたちに弓矢と剣、そして衣装を脱がせ、自らも弓矢や剣を外して衣服を脱いで、ことごとく一言主神に献上したという。古くは武器を献上することは服従の意思を表したのである。

葛城山は大和を中心に勢力を誇った葛城氏の拠点である葛城地方に聳《そび》える山で、古くから山岳信仰の聖地として信仰され、役小角《えんのおづぬ》も葛城氏の出身とされている。そして、葛城氏は五世紀ごろには天皇家に拮抗《きっこう》する豪族となり大和政権の一翼を担っていた。一言主神はその葛城氏の氏神だったのである。

この二つの話で注目すべきは、皇子や天皇が他の豪族などが崇敬する山の神に軽く敗北を喫し、あるいは、恭順の意を示していることである。そして、天皇や皇子がこのような態度を示すのは、未だ天皇家が大和政権の宗主たる地位を占めておらず、葛城氏や物部氏といった豪族が天皇家に拮抗するか、それを凌《しの》ぐ勢力を持っていたことをあらわしていると考えられる。そのことは仏教伝来のとき（五三八年）にその受容を巡って蘇我氏と物部氏の間に争いが生じたが、ときの第二九代欽明天皇が両豪族に押されて、はっきりした決断を下すことができなかったことにもあらわれている（七二ページを参照）。

天皇家が大和朝廷の宗主として強い権力を持つようになったのは、大化の改新以降のことである。天智《てんじ》天皇と天武《てんむ》天皇の時代、律令制に基づく中央集権国家が確立して強力な権力を手中に収めたのであり、天皇家以外の豪族が服従するようになったのである。そして、各豪族の崇敬してきた氏神は、天皇家の皇祖神《こうそしん》である天照大御神を頂点とするヒエラルキーの中におさめられたのである。

先に紹介した『古事記』の話は、未だ大和朝廷の基盤が完全ではない五世紀ごろの状況を反映した逸話と考えることができる。だから、天皇や皇子が他の豪族の氏神に敗れたり、服従の意を示したりしたのである。

また、この話は『古事記』のみに掲載されていて『日本書紀』には載っていない。記紀には同じような話が掲載されているのだが、両者の間では話の内容にかなりの違いがあり、『古事記』にはあって『日本書紀』には掲載されていない話も少なくない。

『古事記』は七一二年に完成し、『日本書紀』が完成したのは七二〇年のことであるが、わずか八年の間に同じような史書が編纂された。そして、恐らく編纂途中に『日本書紀』は正史(国の公式な歴史)としての意味合いを強めたため、強い天皇をアピールする必要に迫られた。つまり、天皇や貴族の間の天皇観に変化が生じたのである。

それで、『古事記』編纂の時代には、未だ他の豪族に押されるような天皇像が描かれたのであり、そこでは雄略天皇が葛城氏の氏神に平伏しても何の問題もなかった。

しかし、『日本書紀』編纂の段階では天皇が他の豪族の氏神に屈するようなことは許されなかったのである。ただし、日本古来の素朴な民族感情からすれば、神、特に山の神は天皇を凌ぐ強い力を持つと考えられていたのだろう。もともと、『古事記』や『日本書紀』は万世一系の天皇の正統性を知らしめるために作られたもので、一般民衆には天皇の地位が高かろうが低かろうが何の関係もなかった。

江戸時代に津軽藩では武士が岩木山《いわきさん》に登ることを禁ずる藩法を出したという。その理由は定かではないが、山岳信仰に基づく庶民の雑多な信仰と、武士が正統と考える仏教や神道の信仰との差別化を図る目的があったのかもしれない。また、先の雄略天皇の話ではないが、身分の高い武士が庶民の信仰する山の神に額《ぬか》ずくことを恥辱と考え、さらにはそのような姿を見せるのは武士の沽券《こけん》にかかわると考えたのかもしれない。

いずれにしても山の神は絶大な力をもって信仰されてきた。そして、権力者たちはその力に負けない力を付けようと懸命に画策してきたのである。しかし、岩木山や出羽三山、富士山などの霊山ばかりでなく、各地の集落の最寄りの山に降臨すると信じられている山の神に対する信仰は絶大なもので、人々は天皇などの権力者をはるかに凌ぐ力を感じていたのである。

山のタブー

神道と仏教とを比べると、タブーが多いのは神道の方である。仏教の方でも「とも詣り」といって葬儀のときに墓参りをすると縁起が悪いとか、葬儀や通夜のときには神棚は紙を貼って隠し、仏壇は扉を閉じるなどの決まりごとがある。しかし、これらのタブーのほとんどは神道由来のもので、合理的な仏教には呪術的なタブーという考え方はないようである。神道にはさまざまなタブーがあるが、それらのほとんどは民間信仰の中で醸成されてきたものである。

たとえば山の神が洗濯をする日というのが決まっていて、その日は民家では洗濯をしてはいけないという決まりがある。もし、その日に洗濯をすると神の怒りをかって良からぬことが起こるというのである。このような俗信はかなり広範囲に普及していたらしい。

長野の善光寺には「牛にひかれて善光寺参り」という諺《ことわざ》がある。長野県の小諸《こもろ》に住んでいたケチで有名で信仰心のかけらもない老婆が、洗濯がタブーとされている観音の縁日に白い襦袢《じゅばん》のようなものを干していた。すると、どこからともなく牛がやって来て干しものを角に引っ掛けたまま走り去って行った。ケチな老婆はこれは一大事とちびた下駄を突っ掛けて牛を追っかけて行った。しかし、途中で牛を見失い知らぬ間に善光寺に来ていた。

信仰心の全くない老婆ではあったが、せっかく有名な善光寺まで来たのだからとお参りをして帰って行った。家の近くまで辿り着いた老婆が何気なく観音堂を見ると、観音の首に件《くだん》の白い襦袢が掛かっていた。これを見た老婆は観音様が牛に化身して日ごろの吝嗇《りんしょく》と不信心を戒めてくれたのだと悟り、以降、心を入れ替えて吝嗇を改め、熱心に神仏を信仰するようになったという。

これは信仰心のないものが予期せずして行っても、自然と信心の心を起こさせてくれるという善光寺の霊験《れいげん》を説いた話である。しかし、この話のモデルになっているのは、神の洗濯日には洗濯をしてはいけないという話である。つまり、神道的な俗信を仏教的なものにすり替えたのである。

良く「神罰《しんばつ》」とか「仏罰《ぶつばつ》」などといわれるが、神はひとたび忌憚《きたん》に触れると恐ろしい罰を与えるが、仏が罰を与えることはない。牛にひかれて善光寺参りの話でも分かるように、観音菩薩は老婆に試練を与えることによって、老婆の吝嗇と不信心を戒めて真っ当な道に進ませたのである。

神の洗濯日と似たような話に「山神が山仕事をする日」、あるいは「山神が狩りをする日」というのがある。この日は樵《きこり》や猟師が山に入って仕事をすることがタブーになっている。そして、この日は大声でしゃべったり、音を立てることもタブーとされている。斧《おの》や鋤《すき》、鍬《くわ》、やかんなど音の出るものには藁《わら》を巻いて音が出ないような工夫をする。これは一種の物忌みであって、音を立てないことによって身を清めるのである。

日本の神は穢《けが》れを嫌うことから、神に近づくときには精進潔斎《しょうじんけっさい》して身を清めなければならない。古くは氏子全員が祭礼や神事に際して物忌みをしていたが、江戸時代ごろからは物忌みも簡略化された。これは経済活動が活発になるにつれて人々の生活が忙しくなり、物忌みのために何日も籠《こも》っていることができなくなったためと考えられている。

次にどこの山でもタブーとされてきたのが「女人禁制」である。これについては諸説あり、女性差別につながる説もあるので、軽々と述べることはできない。以下に客観的な事実だけを述べておく。

先《ま》ず、女人禁制の大きな要因になっているのは女性特有の血の穢れとお産による穢れである。月のものやお産に直面している女性は山に入ってはならず、神社の鳥居すら潜ってはならないというのである。明治の神仏分離のときに全国の山の女人禁制は解禁となった。しかし、今も吉野の大峰山の山頂付近では守られており、峰《みね》入り行を行う女性は、大峰山の山頂付近だけは迂回《うかい》しなければならない。

また前にも述べたが、山の神はもともと女神だったと考えられている。だから、自分より美しい女性が山に入ることをことのほか嫌い、女性が入山すると暴風雨などの災厄をもたらしたというのである。

「山の忌言葉《いみ》」のタブーもある。山中では里で用いるのとは異なる隠語を使うというもので、日本には特に神道に於《お》ける忌言葉が多い。例えば伊勢神宮では「寺」を「瓦葺《かわらぶき》」、「仏像」を「中子《なかご》」、「血」を「汗」などといい、仏教に関する言葉や縁起の悪い言葉を避ける。これは民間でも「スルメ」を「アタリメ」といい、「猿」を「エテコウ」「葦」を「ヨシ」などというのと同じである。

スルメは「摩《す》る」、つまり失う、外れるという意味があることから、当たるという言葉に言い換えるのである。同様に猿も「去る」でやはり去っていく、失うという意味合いがあることから、「得て」、つまり得る、獲得すると言い換えるのである。ちなみにエテコウの「コウ」は「公」で公卿《くぎょう》の公である。そして、葦は「悪し」につながることから「善し（ヨシ）」とするのである。

これらの忌言葉は一種の言霊《ことだま》思想に基づくもので、日本人は古くから悪いイメージの言葉を良いイメージの言葉に置き換えることによって事態も好転すると考えていたのである。このことは記紀神話の中で、須佐之男命《すさのおのみこと》が高天原《たかまがはら》で乱暴狼藉を働いたときに、悪事を善事に言い換えて状況を良い方向に向かわせようとしたという話にも見て取ることができる。

さて、山での忌言葉については特に東北のマタギの人たちの間で厳格に守られてきた。マタギの忌言葉は極めて多く、山中での会話のほとんどが忌言葉であるといっても過言ではないようだ。次にマタギの忌言葉をいくつか挙げておく。

「舟」は「木櫃」、「柴」は「小木」、「茜」は「いろある」、「長い」は「のべた」、「赤土の山」は「くろ山」または「くろだけ」、「くろくら」といって「赤」とは言わない。赤は「血」を連想させるからかもしれない。また、「八」を「やつ」、「蛇」を「尾すびり」などと言っている。

これはごく一部であるが、このほかにも多くの忌言葉があり、このタブーを犯すと暴風雨などさまざまな災厄が起こるという。このような忌言葉はマタギ以外の人々の間でも守られている。そして、このタブーを犯したものは川に入って禊《みそぎ》をするなどの清めをしなければならない。また、新参者が山に入ると先輩たちがわざと忌言葉のタブーを犯すように仕向け、これに引っ掛かった若者を川に突き落としたりして禊をさせるということも恒例の行事になっていたらしい。それが山中で修行をしたり仕事をしたりする人たちの一つの楽しみにもなっていたようである。

山の民

山岳地帯には山に住まい、あるいは各地の山を駆け巡って豊かな恵みによって生計を立てる、いわゆる「山人《やまびと》」といわれる人々がいる。彼らは樵《きこり》や炭焼き、マタギ、山猟師、サンカ、木地師《きじし》、鳥刺《とりさし》、傀儡子《くぐつ》、鉱山開発に関わる山師などさまざまな生業を営んでいる。ここではそれぞれの山人についてそのいわれや生活などについて紹介する。

〈樵〉

樵《きこり》は山林の樹木を伐採すること、あるいは伐採を職業にしている人のことである。古くは斧を使っていたが、近年ではチェーンソーを用いている。世界中に分布する職業で童話や説話、小説などにもしばしば登場する。日本でも古くから各地に樵がいて「樵夫《しょうふ》」「杣人《そまびと》」などとも呼ばれている。

樵は山麓の集落などに定住しているが、伐採の時期には数人で山に入り、仮小屋などを設けて自炊しながら伐採に励む。樵の仕事は男性に限られており、これは体力的なこともあるが、やはり山が女人禁制だったことに依《よ》るところが大きいだろう。樵は山の神を信仰しており、山に入る前には精進潔斎し、山の神に神酒《みき》などを捧《ささ》げて山中での安全と伐採の成功を祈る。

樵はマタギと同じように山中では忌言葉を使う。忌言葉は地方によっても多少の違いがあるが、たとえば、熊をクロゲ、オオカミをヤセ、米をクサノミ、水をワッカなどといい、山中では里言葉《さとことば》を使うことはタブーとされる。また、山に入るときには乾燥させたオコゼを必ず持参する。口が大きくて目が飛び出したオコゼは極めて醜い顔をしている。醜いといわれている山の神よりも醜いオコゼを見て山の神が喜び、天候を悪化させたりしないと信じられているのである。

樵は東西を問わず説話が伝説の中にしばしば登場する。特に正直な樵が誤って池に斧を落としてしまったところ、池の精霊が現れてどんな斧だったか尋ねる。正直な樵は普通の鉄の斧だったと答えると、金の斧を返してくれた。その話を聞いたずる賢い樵がわざと斧を池に投げ入れると何も応答がなく、けっきょく斧は見つからないまま泣く泣く帰って行った。このような話は西洋の童話にも日本の説話にも見られる。

また、樵の斧からの連想で山の神は斧を持っているという概念が生まれた。境内に斧を奉安している神社は各地にある。たとえば、足柄山《あしがらやま》の金太郎も山の神の一類であるが、これも常に斧を持っている。さらに、山梨県の富士山小御嶽神社には重さ四〇〇キロ近くの斧がある。これは山の神の象徴であり、これを持ち上げたものは神に近い存在として敬われる。今まで何人もの力士などが挑戦して持ち上げたものもいるというが、これを持ち上げて投げ飛ばしたのは横綱の白鵬《はくほう》だけらしい。

また、鉄の高下駄を奉納する神社も少なくない。役小角《えんのおづぬ》が一本歯の高下駄を履き、天狗《てんぐ》も高下駄を履いていることからも分かるように、山の神やそれに近い存在は高下駄を履いているというイメージが、いつのころからか出来上がったものと思われる。

また、木曾などの名物として知られている五平餅《ごへいもち》は、もともと樵などの山仕事をする人の携行食だった。今は五平餅と書いているが、本来は神前に供える「御幣《ごへい》」に形が似ていることから「御幣餅」の字を用いるべきである。樵は一食に五合もの飯を食べたといわれているが、米飯を半づきにして木の棒に刺し山中での食事の便宜を図ったものである。

このように、山の民としての樵は数々の独特の文化を醸成してきた。現在では林業の不振から樵の数も激減したが、伊勢神宮の式年遷宮や諏訪大社の御柱祭に際しての木の切り出しなどに、古来の樵の姿を認めることができる。今でもチェーンソーなどは使わず、古式に則《のっと》って斧で切り倒すのである。

また、樵に関係の深いものに「木挽《こび》き」という職業がある。もともと木挽きとは伐採した木を製材することを指し、さらには木挽きに従事する人を指すようになった。古くは木を根元から縦割りにして手斧《ちょうな》や槍鉋《やりがんな》で形を整えていたが、室町時代ごろに中国から「大鋸《おが》」という大型の鋸が伝わると作業効率は飛躍的にアップした。

木挽きの歴史は古く、奈良時代に御所や寺社の建築材を確保するために工房を設けて製材に従事させた。その後は民間にも広がり、山麓などに今でいう製材所を作って材木の生産に専念した。そして、江戸時代には江戸や大阪などの大都市にも製材所ができて、かつて江戸（東京）の銀座の東側にも木挽町《こびきちょう》という町があった。

木挽きは山の民とはいえないが、樵が切り出してきた木材の製材を担当し、山の民である樵とは密接な関係にあった。

〈マタギ〉

マタギは東北から北関東、甲信越《こうしんえつ》の山を駆け巡って彼ら独自の伝統的な手法で猟をする山猟師のことである。「叉鬼」「又鬼」などの「鬼」の字が当てられることから、山中に住む鬼とイメージが重なったものとも考えられる。また、東北地方の方言で「猟師」のことを「ヤマダチ（山立）」といい、これが転訛《てんか》して「マタギ」となったという説もある。

また、マタギの祖は日光の猟師、万次万三郎《まんじまんざぶろう》であるという。万次万三郎は日光山を拠点に猟をしていたが、あるとき、二荒山《ふたらさん》（男体山《なんたいさん》）の山の神から加勢を頼まれた。二荒山の神は群馬県の赤城山《あかぎさん》の神と不仲でたびたび戦いをしていた。しかし、日光の神は分が悪く日光の神の一勝一五敗だったという。そこで、万次万三郎に加勢を頼んだのである。その結果、日光の神は大勝した。赤城山はこの敗戦までは男体山よりもはるかに高かったというが、敗戦以降はグッと縮んでしまったという。男体山の標高が二四八六メートルなのに対し赤城山は一八二八メートルである。このような山が背比べをしたという伝説は全国各地に見られる。この勝利に喜んだ男体山の神は、万次万三郎に全国の山の狩猟権、どこで猟をしても良いという権利を授けたという。

マタギはアイヌのように日本人と民族を異にする訳ではないが、独特の文化や生活習慣を持つことから山人としての一ジャンルを形成している。

ふだんは山麓の集落に定住しているが、春先になると数人の集団を組んで山に入る。山には米や味噌《みそ》、塩などを持参し簡素な仮小屋で自炊生活をしながら、猟を続ける。入山に際しては水垢離《みずごり》（水を浴びて心身を清めること）を行って精進潔斎し、山の入り口の山神の祠《ほこら》に御幣や神酒を供え、山中での安全と猟の成功を祈る。

入山に当たっては数々のタブーがある。山中で里言葉を使うこと、口笛を吹くこと、女性と話をしたり、身体に触れること、鉄砲をまたぐことなどである。タブー自体は一般社会にもあるが、マタギは生き物の命を奪うことを生業としていることから、より厳しい禁忌（タブー）が定められているのである。

また、入山は男だけに限られる。山の神は女神でしかも極めて不細工だと考えられており、美しい女性が山に入ると嫉妬《しっと》して暴風を巻き起こしたりすると信じられているからである。もっとも女人禁制は江戸時代までのことだが、マタギの場合はとくに厳格に守ったようである。

また、山の神の容貌《ようぼう》が醜いということから、マタギたちも樵と同じようにオコゼの干したものを携えて山に入った。海から遠い山里でオコゼを手に入れるのはかなり困難で、一度、入手したオコゼは大切に保管されていたことだろう。

秋田の阿仁《あに》マタギの間では、若者が新たに仲間に入り、一人前になる通過儀礼として、男根を勃起させて山に向かって踊り狂うという秘儀が戦前まで行われていたという。そうすることによって好色といわれる山の神が喜ぶと考えられていたのである。

マタギの狙う獲物はクマやカモシカ、サル、ウサギなどであるが、特にクマは熊胆《ゆうたん》（胆のう・クマノイ）が漢方として高価だったことから、猟の中心となった。一〇人前後で熊を追い込む巻狩《まきが》りの方法で、追い詰めた熊をベテランのマタギが鉄砲で仕留めるのが伝統的な熊猟である。また、明治の後半までは各地の山にニホンオオカミが棲《せい》息《そく》しており、人が襲われるなどの被害が多かった。そこで、マタギではなくても東北地方の山村では鉄砲を常備している家が多かったようである。

獲ったクマは麓の集落に運ばれ、「葬式」と称する葬送儀礼を行ってから解体される。その際、独特の経文や呪文がとなえられるが、これらの経文や呪文は各地を巡歴していた山伏《やまぶし》（修験者《しゅげんじゃ》）から習ったと考えられる。目当ての熊胆を取り出した後、肉などは均等に配分された。今も狩猟の獲物を均等に分けるのはこのようなマタギの習慣に倣ったものかもしれない。

マタギは猟が長期に及ぶと、近くの川で釣りもして食料の足しにしたという。ただ、彼らが狙うのはあくまでも四つ足の獣が中心で、鴨やキジなどのトリは狙わなかったようである。

戦後は山深い東北の山間地といえども開発の波が押し寄せて猟場が縮小し、主要な獲物だったニホンカモシカが天然記念物に指定されたことで、獲物の範囲も狭められた。さらには後継者が不足したりして、狩猟を生業とするマタギは急速に数を減らした。今では他の仕事を本業にして合間に猟に出る、いわば「日曜マタギ」が主流になっているようである。それでも狩猟法やクマの葬式のような伝統的な儀礼や文化は守り続けているのである。

〈サンカ〉

「サンカ」はかつて本州各地の山地に住んでいた漂泊の民である。「山窩」「山家」「三家」「散家」「傘家」「燦家」などさまざまな当て字が用いられる。それぞれの当て字には「サンカ」の実像をあらわす意味が込められているようだが、語源についてはっきりしたことは分からない。

幕末の探検家で北海道の名づけの親になった松浦武四郎《まつうらたけしろう》が山中でサンカに助けられたという記述があるが、サンカという言葉の起源は古く、飛鳥時代（五三八～六四五）まで遡《さかのぼ》るとする説もある。大化の改新以降、日本人の大半は農業に従事するようになったが、痩《や》せ地を与えられたり、飢饉《ききん》のときなどには食べていくことができず、耕作を放棄して各地を流浪するうちに、山中に身を寄せ合うようになったとも考えられている。

時代が下っても飢饉や疫病などで長年住んでいた土地には住めなくなり、町に住むこともできずに山中を放浪して暮らす人々がいた。そういった人々がサンカという集団を作って生活するようになったと考えられる。

彼らは天幕（テント）を張ったり、簡易な小屋掛けをしたりして川魚漁や竹材加工を行い、山里や町に売りにいき生計を立てていた。特に箕《みの》（脱穀した米の籾殻《もみがら》や塵《ちり》を除くために使われる馬蹄《ばてい》形の大型の笊《ざる》のようなもの）を作ることに巧みで、サンカの箕は馬蹄形の持ち手の部分に藤の皮を巻き付けていたために丈夫で、農家で喜ばれて高値で売れた。高い断崖《だんがい》などに巻き付いている藤蔓《ふじづる》は採取が困難だったが、険しい岩山などに慣れたサンカは、それを容易に採ることができたのである。

江戸時代に戸籍制度である檀家《だんか》制度が確立しても定住しないサンカは菩提寺《ぼだいじ》を持たず、その結果、戸籍を持たなかった。このような状態は明治以降も続いた。そして、定住していない彼らには、不動産や他の財物に対する所有意識が希薄だったことから、人の土地に野営したり畑の野菜を勝手に採ったりして里人とトラブルを起こすことが少なくなかった。

江戸幕府や明治政府は定住して戸籍を取ることを奨励したが、ほとんどのサンカはこれに応じなかった。そこで、サンカは犯罪予備軍として警察からマークされ、明治時代の警察の調書には、その名が盛んに使われるようになった。そのような事情から「サンカ」という呼称には差別的な意味あいが含まれており、いわれのない差別や不利益を強いられてきた歴史がある。

〈くぐつ〉

「くぐつ」は「傀儡」「傀儡子」と書き、もともと操り人形のことである。寸劇を演じながら各地を巡る放浪の民で、俳句の冬の季語にもなっている。彼らは寺社の祭礼などで芸を披露して生計を立てており、兵庫県の西宮《にしのみや》神社の近くには傀儡子の旧跡がある。

マタギやサンカのように必ずしも山の民とは言えないが、山の中に仮屋を設けて住んだり、山中の洞窟《どうくつ》を仮住まいとして各地を転々とするものもいたようで、山の民との共通点もある。また、ヨーロッパで楽器を演奏しながら踊ったりして放浪生活を続ける「ジプシー」とも似通った性格を持っている。

傀儡子の起源は平安時代に遡り、古くは狩猟をしていたが、次第に芸能で身を立てるようになっていったという。古くは神社の祭礼のときの神楽《かぐら》などは氏子たちが演じており、今も山間部の集落などではその風習が残っているところもある。しかし平安時代の中ごろから、規模の大きな神社の祭礼には神楽などを目当てに多くの見物人が訪れるようになった。そこで、傀儡子のような流浪の民の中に氏子たちに代わって神楽などの演劇を演じる人々が現れたのである。

神社で行われる芸能は、もともと神に奉納するための神聖なものだったが、見物の対象としてのイベント、エンターテインメントになったのである。そして、傀儡子たちは各地の大社の祭礼を巡り、祭礼のないときには街角などで操り人形で寸劇を演じて生計を立てていたと考えられる。

男性の傀儡子は神楽などの他に奇術や滑稽《こっけい》芸のようなものも演じたが、女性の傀儡子は呪術的な祈禱《きとう》や祓《はら》いを行い、歌を歌うのに巧みだった。さらに彼女たちが宴席で歌う傍ら酌をしたりして客との親近感を深め、最終的には売春をするものもあったという。

鈴木《すずき》牧之《ぼくし》の『北越雪譜《ほくえつせっぷ》』には、牧之が山奥の温泉に泊まったとき、派手な衣装を身に着けた女性のグループに出会い、彼女たちの美しさに魅了されたと書いてある。牧之は彼女たちが何者かは語っていないが、恐らく傀儡子の女性たちだったと見て差し支えないであろう。また、傀儡子の操り人形の芸はやがて三味線を伴う語りと結び付いて人形浄瑠璃《じょうるり》や文楽《ぶんらく》に発展し、歌舞伎にも取り入れられたのである。

〈木地師〉

木地師《きじし》は全国の山を巡って椀《わん》や盆などに用いる良材を求めて歩く山人で、流浪の民である。轆轤《ろくろ》で椀や盆の形を作ることから「轆轤師」とも呼ばれている。かつては土器や陶器の器が求めにくいこともあり、木製の器の需要は多く全国に木地師が展開していたのである。

また、これらの木工品は漆塗りの加工を施されるものも多く、木地師は「塗師《ぬし》」と呼ばれる漆塗りの職人や原木から漆の原液を抽出して塗料を作る漆掻《か》き職人とも交流があった。輪島塗で知られるように、塗師は町に定住していたが、木地師は各地の山々を転々とする漂泊の山人だった。また、漆掻きは山里に定住はしているものの、やはり山仕事で生計を立てる山人である。

木地師の起源は平安時代の初期に遡るといわれ、その発祥の地は近江国《おうみのくに》（現在の滋賀県東近江市）の蛭谷《ひるたに》というところとされ、惟喬親王《これたかしんのう》（八四四〜八九七）が木地師の祖であるという伝説的な話が伝えられている。惟喬親王は文徳天皇の第一皇子だったが、皇位継承争いに巻き込まれた結果、第四皇子の惟仁《これひと》親王（後の清和《せいわ》天皇）が皇位についた。

惟喬親王は失意のうちに山中に隠棲し、各地を転々とした後に近江国の蛭谷に辿り着いたという。そして、この地で轆轤を考案してさまざまな木工品を作り、その技術を土地の人に教えた。親王から轆轤を用いた木工の技術を教えられた当地の人々が、全国に散らばって良材を求めるとともに、木工加工の技術を伝えたという。

この地に惟喬親王が建立して住んだという金龍寺《きんりゅうじ》という寺が復元されて今も残っている。金龍寺のある地はもともと小松畑《こまつはた》といわれていたが、惟喬親王が隠棲して以降は君《きみ》ヶ畑《がはた》と呼ばれるようになり、金龍寺は高松御所《たかまつごしょ》といわれるようになったという。各地の木地師の多くは今も近江の君ヶ畑を本源の地としている。

木製の器などは惟喬親王以前から用いられており、正倉院の御物《ぎょぶつ》のなかにも見られる。また、轆轤も中国から伝えられて活用されていたことは分かっており、奈良時代には「百万塔《ひゃくまんとう》」と呼ばれる小塔が轆轤によって大量生産された。そして、平安時代のはじめごろには木工品の需要が増え、轆轤も改良されて木材加工が盛んになった。その木工の起源を惟喬親王に求め、君ヶ畑を木地師発祥の地としたのかもしれない。

また、東北地方では「こけし」が名産品となっているところが多い。これは木地師が仕事の合間に子どもの玩具として作ったものらしい。もともと東北には「オシラサマ」という木の棒の上部を白く塗って目鼻や髪の毛を描いた一種の神像があり、養蚕や農耕、馬の神として信仰されていた。こういったものにヒントを得てこけしが作られるようになったのかもしれない。しかし、それよりも単純に子ども人形遊びの玩具として作られたと見る方が妥当であろう。

いずれにしても木地師は木工に専念して山々を駆け歩いたのであり、その点ではサンカや傀儡子よりも専門性の強い山人ということがいえる。輪島塗などの高級漆器の下地には木製の器が使用され、伝統工芸を支えるために数は少なくなったが今も木地師が存在している。

〈鳥刺〉

「鳥刺《とりさし》」というと焼鳥屋で出される鳥の刺身をイメージするかもしれないが、ここでいう鳥刺は山中で小鳥を獲《と》ることを生業とする人、あるいはその人たちが携わる職業のことである。鳥刺は世界中に見られた職業で、イソップ物語やモーツァルトのオペラ『魔笛』などにも登場する。

日本での歴史は古く、奈良時代以前に遡ると考えられている。正倉院に伝わる「鳥《とり》毛立女《げりゅうじょのびょうぶ》屏風」という美人画の衣の部分には、今はかなり剝落《はくらく》が進んでいるが羽毛がびっしり貼り付けてある。古くは天皇や貴族の儀式用の衣装などに鳥刺が捕らえた鳥の羽毛などが用いられていたのである。また、観賞用として、さらには鶯《うぐいす》などの鳥はその美声を楽しむために飼育されていた。

奈良時代ごろの鳥刺は、仏師や宮大工、陶工などのような特定の技能を持つ専門集団として朝廷（国家）に奴隷的隷属を強いられた。しかし、時代が下ると山に分け入って鳥を獲ることで生計を立てるようになったらしい。江戸時代になると、鳥刺の中には鷹匠《たかじょう》と行動を共にして鷹の餌になる小鳥を捕まえていたものもあった。また、この時代には観賞用のほか野鳥を食べる習慣もできた。

鳥刺は長い竹竿《たけざお》の先に粘着力の強いトリモチを付け、それに鳥をくっつけて捕獲したほか、トリモチを置いた罠《わな》を仕掛けて竹笛や口笛などを吹いて巧みに罠に誘い込んだ。今も鳥刺の持つ長い竿を持って踊る「鳥刺舞」と呼ばれる伝統芸能が東北から沖縄まで広い地域で行われている。ただし、近年はワシントン条約などで野鳥の捕獲や飼育が禁止されていることから、伝統的な鳥刺も姿を消した。

〈鉱山の採掘に関わる山の民〉

金銀や銅の鉱脈を発見し採掘する技術を持ったエキスパートも古くから存在した。日本各地では銅剣や銅鐸《どうたく》が相当数発見されており、銅などの鉱脈を発見して採掘に従事する技術者が古くからいたことを示している。ただし、銅鐸は朝鮮半島から輸入されたものが多く、初期の銅剣についても輸入品が多い。また、日本で初めて銅の鉱脈が発見されて採掘が始まったのは七〇八年のことで、これを祝って元号を和銅と改め、「和同開珎《わどうかいちん》」を鋳造した。それ以前の銅剣や仏像などには中国や朝鮮半島から輸入された銅が用いられていたのである。

金も早くから装身具や調度品、仏像の鍍金（メッキ）や建物の装飾などに幅広く使われていた。奈良時代の中ごろまで、日本では金を産出しなかったため大陸からの輸入品で賄っていた。しかし、東大寺の大仏の鍍金をするに当たって大量の金が必要だったことから、聖武天皇の勅命で金鉱脈の探索がはじめられた。はじめ滋賀県の石山《いしやま》寺《でら》のあるところに金が出ると踏んで試掘して不発に終わったが、試掘の最中に宮城県の金華山《きんかざん》で金鉱脈を発見し、そこで採掘された金で大仏をメッキすることができたという。

今も金華山にはそのときの坑道跡と伝えられるものが残っているが、本当にここから金を産出したかどうかは疑問である。恐らく大仏の鍍金にも大陸からの輸入品が使われたものと考えられる。ちなみに、不発に終わった最初の候補地には、金華山で金が出たことを記念して十一面観音《じゅういちめんかんのん》を本尊とする寺院を建立した。これが石山寺の起源である。

七四九年に東北地方で砂金を発見したという記録が残っており、これが我が国最初の金の発見とも考えられている。ただし、東大寺の大仏の鋳造が始まったのは七四七年のことで、大仏が完成したのは七四九年と記録されており、発見した砂金を使うことは無理だった。

平安時代以降は各地で金鉱脈が発見されて採掘が盛んになった。とりわけ、東北地方は屈指の産金地帯で、奥州藤原氏《おうしゅうふじわら》は中尊寺に金色堂《こんじきどう》を建立するなど都（京都）を凌ぐ栄華を誇った。金色堂の噂を聞いたマルコポーロが『東方見聞録』の中で日本を「黄金の国」と呼んでいることは良く知られている。

また、金メッキに際しては水銀が不可欠だったため、水銀の探索、採掘も古くから行われた。水銀は「丹《に》」といわれ、水銀の産出地、あるいは水銀の取引が行われた場所を「丹生《にう》」といった。高野山の山の神を丹生都比売命《にうつひめのみこと》といい、山麓にはこの神を祭神として祀る丹生都比売神社が鎮座している。空海は高野山の開創に当たって丹生都比売を山上に勧請《かんじょう》して手厚く祀った。

日本では縄文時代に水銀が採掘されていたことが遺跡から判明しており、三重県の丹生鉱山は縄文時代から一九七三年まで採掘が行われていた。『続日本紀《しょくにほんぎ》』には文武天皇の時代に伊勢国、常陸国《ひたちのくに》、備前国《びぜん》、伊予国《いよ》、日向国《ひゅうが》から水銀の原石である辰砂《しんしゃ》が献上されたことが記されている。

水銀は古くから希少金属で、その産出地には丹生神社を祀って聖地とし、人を寄せ付けず厳重に管理したのである。関東から九州にかけての中央構造線《ちゅうおうこうぞうせん》と呼ばれる断層に沿う広範な地域と丹後半島《たんごはんとう》を中心に水銀鉱床群があり、その周辺に丹生神社が多く、金山彦神《かなやまびこのかみ》という山の神を祭神として祀っている。

また、希少金属である水銀は古くから高値で取引された。空海が高野山に目を付けたのも、この山に水銀の鉱床があったことが大きな原因だったといえるのではないだろうか。つまり高野山に寺院を建立してその支配権を握れば、水銀の権益も手に入れることができたのである。もちろん空海にとっては高野山を修行の最適地と考え、ここを拠点に仏教の布教を行って衆生《しゅじょう》（すべての人々）救済に専念しようという宗教上、信仰上の理由が第一義である。しかし、いくら朝廷の援助を受けるにしても、大規模な伽藍《がらん》を建てて大勢の修行僧を養って行くには、財政的基盤がなくてはならない。そこで高野山に白羽の矢を立てたと思われる。空海に限らず歴史上の高僧は経営的手腕にも優れていたのである。

また、山を開拓して寺院を建立した高僧たちは、空海に限らず、山で生きる人々と親しく交流したと考えられる。歴史上の高僧といえども、彼らの助けがなければ山頂を極めることも寺院を建立することもできなかったのである。空海もそういう人々から情報を集めるうちに、高野山に水銀の鉱床があることを知ったのだろう。

金や水銀の鉱脈の他に、温泉の探索と開発も古くから行われていた。温泉は他の鉱脈を探索中に偶然に発見されることが多く、特に温泉だけを探して歩くエキスパートはいなかったようである。また、近年のように地下数百メートルまでボーリングをするということもなく、ほとんどは自然に湧出《ゆうしゅつ》している温泉だった。ただし、鉱脈を探索するいわゆる「山師《やまし》」といわれる山人は、採掘から精錬、取引まで鉱山の総合的な経営も行った。だから、温泉についても発見すれば宿を建てて湯治客を呼ぶなどして温泉経営も行ったのである。

ちなみに、「山師」は良い鉱脈を発見すれば巨万の富を手に入れることもできるが、発見できなければ経費倒れの徒労に終わることも少なくない。むしろ、成功する確率は極めて低く夢破れることの方が圧倒的に多いのである。そんなことから「山師」という言葉は株式などの投機的なものやギャンブルで一獲千金を狙う人、さらには詐欺師やいかさま師の呼称ともなっている。

第四章　修験道の成立

諸宗教の混淆

一般的に修験道《しゅげんどう》は神仏習合の代表といわれる。しかし、修験道に取り入れられている宗教的な思想や儀礼は仏教や神道だけに止《とど》まらない。そこには道教の神仙術《しんせんじゅつ》や陰陽道《おんみょうどう》、さらには民間信仰の諸相などさまざまな要素が複雑に入り組み、それらをうまい具合に同化させて類稀《たぐいまれ》な信仰体系を生み出したのである。

そして中世以降、修験道が民衆の圧倒的な支持を得て来たのは、修験者（山伏《やまぶし》）たちが民衆の中に溶け込んで彼らの意見を聞いて良く咀嚼《そしゃく》し、仏教や神道などの教えを最も受け入れやすい形にして落とし込んでいったからに他ならない。その意味で修験道は仏教とも神道とも全く異なる次元で発展してきたのであり、言ってみれば、修験者と民衆の合作による信仰形態ということができる。そのことは浄土真宗の基を作った親鸞《しんらん》がどんな片田舎にも出向いて行って、民衆と膝《ひざ》を突き合わせて絶対他力の阿弥陀信仰を導き出したことと通じるところがある。

奈良時代の南都六宗《なんとろくしゅう》のようなペダンチックな教理を振りかざすものでもなければ、国家神道のように国家が作った枠に民衆（国民）をはめ込もうとするものでもなかった。まさに修験道は日本民族のコンセンサスの集積の上に形成された民族宗教ということができる。神仏習合などという単純な観念の中に収まるものではない。日本人は修験道に民族のアイデンティティーを見出《みいだ》したと言っても過言ではない。だからこそ圧倒的な支持を獲得することができたのである。

その意味でインドの民族宗教であるヒンドゥー教に近く、今もヒンドゥー教はほとんどのインド人に圧倒的に支持されているのである。

しかし、修験道は明治の神仏分離によって完膚なきまでに解体されてしまい、その後、復活したものの旧観には遠く及ばない。修験道の解体は日本民族にとって極めて不幸な事件であり、これほど日本人の民族性と宗教心を傷つけた事件はないといって良いだろう。この不幸な出来事がなければ、修験道は今もインドにおけるヒンドゥー教と同じように活況を呈していたに違いない。

修験道の解体は維新の政治家たちの日本民族や文化に対する驚くほどの無知と無教養の為《な》せる業《わざ》だったということができるだろう。

密教寺院に集まった山岳修行者

平安時代のはじめに空海《くうかい》が伝えた密教は貴族を中心に瞬く間に広まった。密教は大《だい》日如来《にちにょらい》との合一を達成して永遠の平安（悟りの境地）を求めることを教義とするが、護摩などの加持祈禱《かじきとう》を行って病気平癒を願うなど実際には現世利益的な色彩が強い。

先に述べたように、山岳信仰の下に形づくられてきた宗教は、神道や道教などあらゆる宗教の教義や儀礼を取り入れて来たのであり、極めて現世利益的な性格の強いものだった。そこで山岳宗教と密教はすぐに結びついたのである。若いころに独学で仏教を学んだといわれる空海も古くから行われていた山岳修行に励んだ。そして、天台宗の最澄《さいちょう》が行ったのも比叡山《ひえいざん》を中心とする山岳修行だったのである。

また、密教は山岳信仰と結び付いたことによって、インドや中国に見られない特異な側面を備えることになった。修行者たちは山中で真言をとなえ、護摩を焚《た》く。また、特別な祈願のときには「柴燈護摩《さいとうごま》」と呼ばれるキャンプファイヤーのような大護摩を焚く。これは京都の醍醐寺《だいごじ》を開いた理源大師《りげん》聖宝《しょうぼう》によってはじめられたといわれる日本特有のもので、残り火の上を経をとなえながら裸足で歩いて渡る「火渡り《ひわたり》」も行われる。

もともと密教には「火生三昧《かしょうざんまい》」という修法（除災、招福などを目的として行われる行法）がある。これは身体から悟りの火を発して煩悩を焼き切り、悟りの境地に至るもので、不動明王が背中に火焔《かえん》（炎）を背負っているのはこの火生三昧に入っていることをあらわすとされている。

不動明王は炎と化して護摩壇の炉のなかに入り、祈願の書かれた護摩木を焼き尽くす。護摩木に書かれた病気平癒や延命長寿、家内安全などの祈願はすべて煩悩（欲望）と見なされ、それを焼き尽くすことによって悟りの世界に到達することができるというのである。東京の高尾山《たかおさん》などで行われている「火渡り」はこの火生三昧にヒントを得て考案された。火渡りは柴燈護摩の供養が終わった後の熾火《おきび》の上を裸足で渡り歩くもので、煩悩を焼き尽くす護摩の火と一体であることを体験するものである。

また、山伏が焚く護摩の一つに「天蓋《てんがい》護摩」という特殊な護摩供養がある。「天蓋」というのは高貴な人に差しかける傘のことで、もともとペルシャなどの王に従者が常に差し掛けていたものである。それがインドに伝わって仏教にも取り入れられ、

西國寺柴燈護摩の火渡り神事
（尾道観光協会提供）

仏像の頭上には必ず天蓋が備えられるようになった。今でも寺院の本堂の天井には、金属製や木製などの煌《きら》びやかな天蓋が吊《つ》るしてあるが、本来は本尊の頭上にあるべきものである。

山伏はこの天蓋を紙で作り、護摩壇の真上に吊るして護摩を焚く。これを「天蓋護摩」と言っているのである。炎の勢いで天蓋が揺れるほど願いが叶えられるとされる一方で、あまり炎が高く上がって紙の天蓋が焦げたり燃えたりすると災いが降り掛かるといわれている。

ふつう護摩供養は寺院に常設の護摩壇の前に祈願者が集まって行われるのであるが、「天蓋護摩」は山伏などが祈願者の家などに出張して行う場合が多い。山岳修行は特に密教と強く結び付いて特異な発展をしたが、山岳信仰と結び付いた密教も日本独自の性格を持ったということができる。

山岳修行者は文字通り山を拠点として修行生活を営んでいたが、積雪期や閉山期には山を下りなければならない。しかし、彼らの大半は出家、受戒した正式な僧侶《そうりょ》ではなく山を下りたときに住む寺院などの拠点がなかった。そこで、密教との結びつきが強く、護摩などの密教の修法にも熟達していることもあって、真言宗や天台宗の密教寺院に寄宿するようになったのである。

彼ら山岳修行者は占いや呪術などにも長《た》けていた。また、山中で一人か数人で修行生活を送っている彼らは、ケガをしたり病気になったりしたときには自分たちで治療をしなければならない。漢方などの薬の知識や多少の医療の心得もあったのである。

そういった技能を持つ山岳修行者の存在は密教寺院にとっても信者獲得に役立ち、法要などの助っ人《すけと》、さらには、布教活動にも大いに役立ったのである。平安時代から鎌倉時代にかけて、密教寺院に於《お》ける山岳修行者の数は増加の一途を辿《たど》った。

そこで室町時代のはじめに「修験道」という一宗派を創設して山岳修行者たちを独立させた。「修験」とは「修行得験《しゅぎょうとっけん》」の略で、深山幽谷に籠《こも》って厳しい修行に耐え、「験力《げんりき》」、超人的な力を獲得することを意味する。「修験道」という言葉は室町時代に道が宗派として確立したときに作られたもので、このときから山岳修行者のことを「修験者」というようになり、「山伏」という言葉も誕生した。

山伏とは山の草や木の根を褥《しとね》とすることから付けられた名である。そして、役小角《えんのおづぬ》もこのころから「山伏の祖」と仰がれるようになり、「役行者《えんのぎょうじゃ》」という言葉は室町以降の文献に見えるのであり、それ以前には「役小角」「役君」などと記されている。

修験道の成立

前述したように、修験道は室町時代のはじめに天台宗や浄土宗と同じような独立の宗派となった。そして、修験道は京都の天台宗寺院、聖護院《しょうごいん》を総本山とする「本山《ほんざん》派《は》」と、同じく京都の醍醐寺《だいごじ》を総本山とする「当山派《とうざんは》」の二つに分かれて活動することになった。

当山派は平安時代のはじめに空海の孫弟子に当たる理源大師聖宝が京都の醍醐寺三《さん》宝院《ぼういん》を開いたことにはじまる。三宝院は豊臣秀吉《とよとみひでよし》の醍醐の花見の舞台となったことでも知られ、秀吉がその一部を設計したとされる庭園で有名である。醍醐寺の上《かみ》醍醐には岩山が連なる修験の道場があり、今も峰入《みねい》り（修験者が山で修行に入ること）の期間には各地から多くの修験者が参集して修行に励んでいる。

また、聖護院は第五代天台座主《ざす》の智証《ちしょう》大師円珍《えんちん》の弟子、増誉上人《ぞうよしょうにん》が寛治《かんじ》四年（一〇九〇）に白河《しらかわ》法皇の熊野詣《くまのもうで》の先達を務め、その功績によって初代の熊野三山検校《けんぎょう》（熊野三山を統括する役職）に任ぜられた。その際、役小角《えんのおづぬ》が創建したとされる常光寺《じょうこうじ》を下賜《かし》され、この寺を「聖体護持《せいたいごじ》」、すなわち、天皇の身体（玉体《ぎょくたい》）を守る寺とし、「聖護院」と号したのがはじまりである。

その後、修験道の中心寺院としてさかえ、平安時代の末には後白河《ごしらかわ》天皇の皇子、静《じょう》恵《え》法親王が入寺して以来、代々、法親王（出家して僧侶となった皇子）が入寺して門跡寺院としての格式を備えた。室町時代には本山派の総本山として栄え、室町時代から江戸時代にかけての最盛期には二万五千ヵ寺に及ぶ修験系寺院を末寺《まつじ》として従えた。

現在、最大の末寺数を誇る浄土真宗が西本願寺《ほんがんじ》と東本願寺を合わせて約二万ヵ寺だから、当時の聖護院がいかに絶大な勢力を誇っていたかが分かるだろう。

かつて富士山は修験道の拠点として栄え、室町時代には「富士修験」という独自の勢力を誇っていた。しかし、室町時代の末期に聖護院の門跡が二合目の大日坊《だいにちぼう》（現在の村山浅間社《むらやませんげん》）を訪れ、あっさりと聖護院の傘下になったという。

いっぽう、醍醐寺を拠点とする当山派の山伏たちも各地の霊山を傘下に収めて行き、特に東北地方の霊山に勢力圏を延ばしていった。

このように、当山派と本山派が各地の霊山への進出に鎬《しのぎ》を削ったのは、霊山に集まる布施などの権益を目当てにしたからだった。各霊山は「霞《かすみ》」と呼ばれる縄張りを持っており、山伏たちが霞を巡ってお札を配ったり、加持祈禱をしたりして布施を集め、それが各霊山とその傘下の寺院の収入源になっていた。

当山派と本山派の両派は、霊山の霞を押さえることによって莫大《ばくだい》な権益を手にすることができたのである。いっぽう、各霊山や所属の寺院はいずれかの傘下に入ることによって、その庇護《ひご》の下に信者の獲得をより有利に進めることができた。要するにギブアンドテイクの関係が形成されたのである。

このような状況の下、両派は次第に対立を深めるようになり、室町時代の末には抗争が表面化してきた。江戸時代になると徳川家康が厳格な宗教統制を行ったが、慶長《けいちょう》一八年（一六一三）には「修験道法度《はっと》」を定めて修験者は真言宗系の当山派か天台宗系の本山派のどちらかに属さなければならなくなった。

七歳で今川義元の人質となり一九歳のときに桶狭間《おけはざま》の戦いで敗れて一度は自害を決意し、その後も関ヶ原の合戦に至るまで戦乱の世に生きて来た家康は、何よりも争いごとを嫌った。仏教の各宗派はすでに平安時代から派閥争いを繰り広げ、江戸時代にはその闘争は熾烈《しれつ》を極めた。そこで、家康は各宗派や寺院ごとに法度を出して綱紀粛正を断行したのである。本山末寺《ほんざんまつじ》の制ができたのも宗派内の争いを治めるためだった。

一方、室町時代の修験道成立後も金峯山寺《きんぷせんじ》など独自の路線を進んでいるところもあった。しかし、修験道法度が出されると、金峯山寺などは聖護院の傘下に入ることになり、新たな権益を獲得したのである。法律が有力者に有利に働くという原則は今も変わらない。

このように幕末まで隆盛を極めた修験道も、明治維新の神仏分離政策によって大打撃を受けることになった。明治五年（一八七二）に修験道禁止令が公布されると、各地の修験系の寺院の多くは廃寺とされ、山伏は還俗《げんぞく》させられて廃業に追い込まれた。ここに日本の文化を代表する極めてユニークな宗教は血脈を絶たれることになったのである。

しかし、維新政府のあまりにも強引な神仏分離政策は、長い歴史の中で育《はぐく》まれてきた日本民族独自の信仰形態を変えることはできず、神宮寺《じんぐうじ》を廃寺にして伽藍《がらん》や仏像を破壊し、山伏を失職させるといった物理的、制度的な面でのみ実行されたに過ぎなかったのであり、その結果、日本の文化財の九割を破壊するという悲惨な結果を残した。維新政府は民間信仰にも統制のメスを入れ、盂蘭盆会《うらぼんえ》や彼岸《ひがん》、施餓鬼《せがき》といった年中行事までも禁止した。しかし、長きにわたって民衆の間で親しまれ、人々の心身の中に溶け込んで生活の一部になっていた盂蘭盆会などを禁止することは不可能な話だった。これには民衆も従わず、維新政府も諦《あきら》めたのである。

このような事情から、けっきょく、神仏分離政策は文化財の九割を破壊するという蛮行を行っただけで、明治一〇年を過ぎたころには早くも沙汰止《さたや》みになった。そして、明治の中頃ぐらいから修験道も復活の兆しが見えて来た。

明治五年（一八七二）の修験道禁止令によって山伏はすべて還俗させられて職を失った。しかし、少数ではあるが山伏の中には自分の寺を持つ正式な僧侶もおり、彼らは山伏は廃業しても自分の寺に戻って僧侶として存続することになったのである。

そして、明治の半ばごろになって神仏分離もほとぼりが冷めると、細々とではあるが修行を再開したのである。もちろん、これは隠れて行われたのであるが、修験道の儀礼や教義などは確実に伝えられていったと考えられる。また、山伏が秘密裏に修行を再開したことを知ると、加持祈禱を依頼する人もあった。山伏は民衆の中に深く溶け込んでいたのであり、その関係を容易に絶つことはできなかったのである。このようにして修験道は命脈を保ってきたと考えられ、戦後は神仏分離からも解放されて現在に至っているが、その規模と繁栄ぶりは往時には遠く及ばない。

戦後は醍醐寺《だいごじ》を総本山とする当山派《とうざんは》と聖護院《しょうごいん》を総本山とする本山派《ほんざんは》の他に吉野の金《きん》峯山寺《ぷせんじ》が金峯山修験本宗《ほんしゅう》を名乗って独立したほか、出羽三山《でわさんざん》や九州の英彦山《ひこさん》、四国の石鎚山《いしづちさん》なども復活して独自の活動を続けている。

山伏の役割の変容

山岳修行者は古くは仙人になることを、仏教が入って来ると悟りの境地に至ることを目指して厳しい修行を実践していた。要するに個人的な目的を達成するために修行していたのであり、仏教でいう自利行《じりぎょう》だった。しかし、仏教の影響が強くなると、他者を助ける利他行《りたぎょう》にウェイトが置かれるようになり、山伏たちは信者の願いを叶えるために山中で厳しい修行をするようになったのである。

室町時代の後半に信仰の結社である「講《こう》」の活動が盛んになると、山伏たちは講の人々を案内する「先達《せんだつ》」として山に入るようになった。白河法皇の熊野詣のときに増《ぞう》誉《よ》上人が先達を務めたことは先にも述べたが、室町時代に民衆の間に山岳信仰が普及すると、修験者たちは一般民衆の先達を引き受けるようになった。ここに、修験者の役割は大きく変容したのである。

そして、より厳しい修行を達成した修験者が人気を博して多くの信者を獲得したことから、彼らはより難易度の高い修行に挑戦するようになった。富士講の大成者として知られる伊藤食行《いとうじきぎょう》（一六七一〜一七三三）はつま先立ちで富士山に百回登るという難行を達成して絶大な信仰を集め、彼が先達を務める富士登拝には数百人の人が参加したという。

また、講の活動が盛んになると修験者は自分たちの霞を巡って講社の人々にお札を配ったり、祈禱をすることが布教の一環として重要な仕事となった。それ以前にもそういった活動は行っていたが、室町時代に講が急速に発展したことから、信者の数も爆発的に増えたのである。

このような講との交流を通じて修験道は民間信仰と深く結びつき、一方で民衆の間で行われている民間信仰の影響を強く受けて極めて特異な宗教へと昇華していった。『菅江《すがえ》真《ま》澄遊覧記《すみゆうらんき》』には、東北地方の山間部の寺院の住職の多くは山伏であると書かれている。僻地《へきち》医療ではないが、一般の僧侶が嫌がる辺境の地の寺は山伏が守っていた。そして、他との交流がない山村に住む人たちに仏教の教えを説き、さまざまな情報をもたらし、葬儀なども行った。さらに、医療の知識を持つ山伏たちは村人の病気やケガの治療にも当たったと考えられる。こうした山深い土地に住む人々にとって、山伏は必要不可欠の存在だったと考えられる。

また、何か災難にあったときやけがや火傷をしたときの「まじない」の言葉（呪文）が、各地に伝わっているが、その多くが「（オン）アビラウンケンソワカ」という大日如来の真言でむすんでいる。これを教えたのも山伏以外には考えられないだろう。

山伏と御師

「御師《おし》」は特定の寺社に所属して参詣者の食事や宿泊、参拝や登拝の世話、祈禱などをすることを生業としている一種の宗教者である。平安時代の末に白河法王《しらかわほうおう》が熊野詣をしたのをきっかけに、貴族の間で熊野三山などの霊山巡りが流行した。それに伴って参詣者の食事や宿泊、さらには参詣の手助けをする人々があらわれた。彼らのことを「御師」といい、「御師」は「御祈禱師《ごきとうし》」の略である。熊野三山をはじめ伊勢神宮や石清水八幡宮《いわしみずはちまんぐう》など各地の霊山や寺社に御師が定住するようになった。

もともと御師たちは山中で修行に入る修験者の世話をしていたと考えられるが、すでに平安時代の後期に貴族などの参詣が流行すると彼らの食事や宿泊の世話も引き受けるようになり、室町時代に講が盛んになると、先達として講社を引き連れて来る山伏と講の人々の世話をするようになったと考えられる。御師と講などの参詣者は参詣のときだけの短期的な関係だったが、参詣の回を重ねるうちに御師を師とし、参詣者を旦那《だんな》とする檀家《だんか》制度に於ける菩提寺《ぼだいじ》と檀家のような関係が恒常化した。

また、特に熊野の場合は御師と旦那（参詣者）との間に先達の山伏が介在し、両者の仲を取り持つ役割を果たした。御師は旦那からの宿坊《しゅくぼう》の宿泊料や祈禱料などで生計を立て、先達の山伏は参詣者を導いてきた案内料を御師から貰《もら》ったり、祈禱料などを生活の糧としていた。熊野の場合は旦那の獲得は先達の力量にかかっているところも大きく、先達が財力のある有力な旦那を開拓すれば、それだけ御師は多くの富を獲得し、先達も潤った。また、室町時代の後半から江戸時代にかけては、熊野や伊勢の御師の間では旦那の権益の売買も行われるようになった。

講と御師、そして山伏

「講」はもともと仏典の講義、また、講義を行う法会《ほうえ》（僧侶や檀信徒の集まり）を意味し、古くから『法華経』や『維摩経《ゆいまぎょう》』といった経典の法会が営まれていた。時代が下ると念仏の信者の集まりである「念仏講《ねんぶつこう》」や親鸞を信仰する者の集まりである「報恩講《ほうおんこう》」など、同じ信仰で結ばれた人たちの集団を意味するようになった。

また、農村には古くから種籾《たねもみ》を共同で管理するシステムがあった。次の年に蒔《ま》く種籾を個々に管理していると飢饉《ききん》のときに空腹に耐えかねて手を付けかねない。そうなれば、翌年に蒔く種籾が無くなり生活を維持できなくなる。そこで、農業を持続するために共同で管理したのである。

しかし、室町時代ごろから経済が発展して貨幣が流通するようになると、種籾に代わって金銭を拠出して将来に備えるようになり、それが「無尽《むじん》」と結び付くようになった。無尽は会員（村人など）が定期的に集まっていくらかの金を出して積み立てておき、予《あらかじ》め決められている順番が来た会員が積立金の中から配当を受け取る一種の相互扶助組織で、鎌倉時代ごろから始まったものである。

この無尽が講と結び付き、折からの寺社巡りブームと相俟《あいま》って、配当を路銀の一部として神社仏閣を巡るようになったのである。これが熊野講や伊勢講、富士講などの起源である。そして、室町時代の末から江戸時代にかけては都市にも講が組織されるようになった。

寺社巡りに行く人は抽選などで決められ、かつては霊山のほとんどは女人禁制だったことから、主に男性が出かけた。そして、寺社巡りに行くことのできない人から寺社への寄進料を預かり、参詣先の土地の産物などを土産として持ち帰った。土産物のルーツは伊勢神宮にあるといわれ、講を受け入れる土地の人は日持ちの良いコンパクトな特産物を選んで販売するようになったのである。

また、寺社巡りは男性が主体だったことから、名だたる霊場の近くには遊郭が付きものだった。参詣を終えた後、精進落としと称して遊郭に繰り込み憂さを晴らしたのである。その意味で寺社巡りは信仰というよりレジャーとしての意味合いが強かった。

ちなみに、精進落としの場には呉服屋が進出したところもある。郷里に妻子を待たせて出かけて来て自分だけ遊郭に繰り込むことに引け目を感じ、妻や娘に反物や着物を買って行く者が少なくなかったという。

講は先達の山伏などの案内で霊山に赴き、そこで御師の接待を受けた。このように講は御師や先達の山伏にとって大事な得意先で、熊野三山や伊勢神宮、さらには三十《さんじゅう》三観音霊場《さんかんのんれいじょう》など各地の霊場の繁栄はまさに講に支えられていたのである。

信仰の結社として、または相互扶助機関として講は多様な発展をしたが、そのほかに商工業者の秘密結社的な講も現れた。「大黒講《たいこく》」や「えびす講」と呼ばれるものがそれで、商工業者が価格協定や販売協定などの闇カルテルを結ぶとき、大黒天や恵比寿神の前で他言無用の誓いを立てるのである。

そして、彼らは常々、消費者を欺いて不利益を与え、自らは法外な利益を得ていることに負い目を感じ、定期的に（通常は年に一度）「えびす講」や「大黒講」と称する大安売りを行うようになった。そして、この大安売りは明治に登場した百貨店（デパート）の大安売り（セール）の元になったのである。今も茨城県など北関東を中心に観光目的の「えびす講」が行われ、旅行社などのツアーで訪れる人も少なくないようだ。

時代は下り、明治維新の修験道禁止に伴って各地の霊場が閉鎖、あるいは極度に衰退したことにより、講も一気に衰微した。ただ、講自体が禁止の対象になった訳ではなく、今も講は存在するが往時の活況ぶりは全く見られない。ただ、各地の霊場には寄進や周年、参詣の回数などを記念して講が建てた多くの石碑が並んでいる。中には平成に建てられたものもあり、講の健在ぶりをアピールしているかのようだ。

また、戦後は政治家が講を票田と見なして深く介入するようになった。彼らは講社とともに霊場を巡って有権者の獲得に血道を上げたのである。何年か前に琵琶湖《びわこ》の竹生島《ちくぶしま》に行ったときに、遊覧船の中で講の人たちと一緒になった。竹生島は弁財天の霊場として知られているとともに、西国三十三観音霊場の第三十番札所でもあり、多くの参詣者が訪れる。出会ったのは観音講の人たち二〇人ほどで平均年齢は七〇歳以上。その中に一人、スーツ姿にネクタイをした上に白い帷子《かたびら》を羽織った四〇代半ばと思《おぼ》しき恰幅《かっぷく》の良い男性がいた。たまたま席が向かい合わせだったので話をするようになり、帰りがけに名刺を交換することになった。もらった名刺には「元衆議院議員」の肩書があった。おそらく彼は、浪人中、講の巡礼に参加して有権者と親睦《しんぼく》を深め、次期選挙の当選でも目指していたのだろうか。

河口湖畔に残る御師住宅

御師は霊山や寺社の周辺に自宅を拡張して宿坊を構え、参詣者の食事や宿泊ばかり

御師住宅（旧外川家）

ではなく、参詣の作法の指導も行った。

富士山の山梨県側の登拝口になっている北口本宮浅間《きたぐちほんぐうせんげん》大社のある河口湖《かわぐちこ》の周辺には、江戸時代後半の最盛期に一四〇余りの御師住宅があった。明治の初年に修験道禁止令が出て修験道が解体されると、御師住宅も廃業を余儀なくされ、現在、河口湖周辺には二軒の御師住宅を残すのみである。

このうち一軒は御師の子孫が住んでいて非公開だが、「旧外川《とがわ》家住宅」という御師住宅は資料館として公開されている。門から玄関までの長い通路の脇には小川が流れており、講の人たちはそこで手足や口を清めて水垢離《みずごり》を済ませた上で住宅内に入った。玄関を入ると広間があり、ここで宴会が行われたそうである。その先は六畳ぐらいの部屋がいくつかあり、奥に先達や講元《こうもと》(講のリーダー)の部屋があり、さらにその奥に富士山の祭神の浅間大神《あさまのおおかみ》を祀る祭壇があり、その横に富士講の大成者、伊藤食行の像が祀られている。

また、敷地内には使用人の住まいもあり、そこには参詣者の荷物を持って登る剛力《ごうりき》も住んでいた。他の山にも荷揚げを担当する者はいたが、富士山の剛力は特別に重いものを運ぶことで名を馳《は》せていた。だからこそ剛力と呼ばれたのである。

御師は夏の入山期間の繁忙期には講の世話をし、閑散期には旦那の家々を巡ってお札を配ったり、祈禱を行ったりして布施などを貰うとともに次の参詣のときに自分の宿坊を利用する予約をとったりした。また御師は山伏との長年の交流の中で修験道の心得もあり、山伏に代わって加持祈禱などをも行った。

このほか熊野三山や伊勢神宮をはじめとする全国の霊場にも御師の宿坊があった。しかし、明治五年(一八七二)の修験道禁止令によって修験道が解体されると、講の参詣も衰退して御師も職を失うことになり、御師の宿坊も廃業に追い込まれた。

熊野御師と伊勢御師

前述したように平安時代の末に起源を持つ熊野の御師は草分け的存在で、室町時代以降、講の参詣が盛んになると急速に発展していった。また、このころになると熊野に宿坊を構えて定住する御師の他に、布教活動に専念する御師が全国を巡るようになった。

そして、そのような布教専門の御師に女性を採用するようになり、「熊野比丘尼《びくに》」と呼ばれて全国に勇名を馳せた。「比丘尼」とは尼僧のことで、布教活動に従事する宗教者（比丘）ということから、比丘尼と名付けられたと思われる。

彼女たちは「参詣曼荼羅《さんけいまんだら》」と呼ばれる絵図を携えて各地を巡り、この絵図を広げて参集した人々に熊野の利益や魅力を説き、熊野三山への参詣を促した。現代でいえば熊野三山のプロモーションビデオといったところである。参詣曼荼羅を指し示しながら解説することを「絵解《えと》き」といい、熊野比丘尼の絵解きは各地で絶大な人気を博し、熊野三山の参詣者の爆発的増加の原動力となったのである。

このような「参詣曼荼羅」の他に「社寺曼荼羅」というものも作られた。これも基本的には霊場や寺社の俯瞰図《ふかんず》だが、参詣曼荼羅は寺社に参詣する人物が描かれているのに対し、社寺曼荼羅は参詣者が描かれていないことからこの名で呼ばれるようになった。ただし、これは密教の曼荼羅とはまったく別物である。日本人は多くの人や物が一堂に会していることを「〇〇曼荼羅」ということがある。参詣曼荼羅や社寺曼荼羅も多くの伽藍や参詣者が一つの画面に集まっていることから曼荼羅の名が用いられたのである。

また、熊野比丘尼の中には布教の傍ら宴席で金銭を得るものもあり、彼女たちは「歌比丘尼」と呼ばれた。しかも、彼女たちは多くの男性と宴席などで接することから売春に手を染めるものもあり、江戸時代には熊野比丘尼が娼婦の代名詞ともなったのである。

御師たちの活躍もあり、また、那智大社に隣接する青岸渡寺《せいがんとじ》が西国三十三観音霊場の第一番札所として盛んな信仰を集めたこともあって、熊野信仰は鎌倉時代の末から室町時代にかけては未曾有の発展を遂げた。しかし江戸時代になると、熱狂的な伊勢参宮ブームや西国三十三観音霊場の隆盛に押される形で急速に衰退した。これに伴って必然的に熊野御師も衰退したのである。

熊野御師の衰退を余所目《よそめ》に、江戸時代に急激に頭角を現してきたのが伊勢の御師《おんし》である。熊野御師が山伏の布教に支えられていたのに対し、伊勢御師は自ら全国を巡って「神明講《しんめいこう》」を組織して伊勢信仰を盛んにした。

もともと伊勢神宮は皇祖神（天皇の先祖の神）である天照大御神《あまてらすおおみかみ》をまつる天皇家の氏神であり、古くは「私幣禁断」▼注1の掟《おきて》があり、天皇以外の者が幣帛《へいはく》（神への供え物）を捧げて祈願することを禁止しており、これを犯すと流罪などの厳罰に処せられた。これは平安時代の法令書『延喜式《えんぎしき》』などにも記されている。今も伊勢神宮では個人的な祈願をしてはならないといわれるのはこのことをいっているのであるが、「私幣《しへい》禁断」はすでに鎌倉時代には有名無実になった。

伊勢神宮は大化の改新（六四五年～）以降、皇室の宗廟《そうびょう》として特別の崇敬を受け、平安時代のはじめには桓武《かんむ》天皇や嵯峨《さが》天皇が盛大な式年遷宮を行うなどして特別に重んじた。しかし、平安時代の後半には藤原摂関家の台頭や皇室の財政逼迫《ひっぱく》などにより、その権威は衰微した。これを憂えた伊勢の神職たちが伊勢信仰の復活を期して立ち上がり、その一部が布教活動に専念するようになったのである。

これは平安時代の末に熊野御師が貴族を中心とする参詣者の食事や宿泊の世話から出発したのとは、発生の事情を異にしている。伊勢神宮の場合は先《ま》ず信者を集め、その世話はそれから考えたのである。推測だが、伊勢の御師が「おし」といわずに「おんし」と呼ばれるのも、発生の由来が異なる他の御師と差別化を図る狙いがあったのかもしれない。

これが功を奏して、鎌倉時代には多くの武士や豪族が伊勢神宮に社領を寄進するようになった。このころになると「私幣禁断」の掟もすっかり影を潜め、広く崇敬者を集め、やがて室町時代になると一般庶民にも伊勢信仰が広まり、熊野信仰を圧倒するに至ったのである。

そして、江戸時代には伊勢神宮の札が降って来るという噂が飛び交い、「お蔭参《かげまい》り」「抜《ぬ》け参《まい》り」などと称する熱狂的な参宮が行われるようになった。日本の人口が二八〇〇万人ほどで江戸の人口が約一〇〇万人だった江戸時代に、年間約四〇〇万人（推定）が参拝したという。およそ日本人の七人に一人、当時の交通事情などを考えれば驚くべき数字である。ちなみに伊勢神宮の参拝者数は戦後、六〇〇万人余りで、前回の式年遷宮を前に一〇〇〇万人を超えるようになった。

また、「お蔭参り《かげまい》」や「抜け参り《ぬけまい》」に向かう人間はある日、突然、家人に内緒で着の身着のままで家を飛び出したという。路銀も持たない彼らが伊勢と故郷を往復できたのは、道中、無料で食事や宿泊の世話をする者がいたからである。そのような狂信的な参拝者を世話するよう手配したのは、伊勢神宮とそこに仕える御師たちだったことは容易に推測ができる。

さらに、伊勢神宮のお札が降って来るという噂を流したのは伊勢の御師たちであると考えられ、言葉は悪いが、彼らはほとんどペテンともいえる手管を使って信者獲得に血道を上げたと言っても過言ではない。ただ、伊勢の御師の多くは禰宜《ねぎ》や権禰宜《ごんのねぎ》といった正式な神職で、祝詞《のりと》を流暢《りゅうちょう》に読み上げ、神事や祈禱にも熟達していた。このことも半ば遊女と化した熊野比丘尼よりも信頼度が高く、伊勢信仰が熊野信仰を凌《しの》いで隆盛に向かった要因と考えられる。

もちろん、御師たちは神宮の周辺に宿坊を構え、参拝者の接待をした。江戸時代の最盛期には内宮《ないくう》に五〇〇軒、外宮《げくう》に二四〇軒の御師住宅が軒を連ねていたという。伊勢神宮は早くから仏教を徹底して排除してきた。中世になると天照大御神をはじめとする祭神に一応、本地仏《ほんじぶつ》が定められた。それは神仏習合という時代の趨勢《すうせい》に倣ったもので、伊勢神宮自体が積極的に取り入れたものではなかった。

しかし、明治維新の神仏分離政策に伴って新たな神祇《じんぎ》制度が構築されて神社界の再編成が行われると、それまで伝統的な地位を引き継いできた伊勢神宮も神職は一旦《いったん》すべて排除されて政府が示した神職が社務を受け継ぐことになった。このとき、御師も再編の対象となって職を失い、彼らが経営していた宿坊なども廃業に追い込まれたのである。

江戸時代まで伊勢神宮の内宮の参道には「お祓い通り」「お蔭横丁」などがあり、土産物屋や飲食店、旅館、芝居小屋などが賑々《にぎにぎ》しく並んでおり、さらには近くには大規模な遊郭もあった。しかし、明治になって絶対的な権力を持つ天皇が国家の元首に躍り出ると、天皇家の氏神である伊勢神宮が特別に神聖視されるようになり、その聖域に猥雑《わいざつ》な土産物屋などがあることは許されないと政府は考えた。そこで、これらの施設は短期間のうちに撤去され、御師の宿坊も跡形もなく片付けられてしまったのである。「お祓い通り」や「お蔭横丁」は近年になって復元され、にぎわっている。

また、神宮の人事の一新に伴い、御師の中には正式な神職として採用された者もいた。これは異例の大出世だった。伊勢神宮の他にも一旦は御師を廃業して資格を取って神職となった人もいたようだが、それは極めて少数派で、大半の御師は廃業して他の職に就くことを余儀なくされたのである。

今も御師が活躍する武蔵御嶽神社

東京都青梅《おうめ》市にある武蔵御嶽《むさしみたけ》神社は標高九二九メートルの武蔵御嶽山の山上に鎮座する古社である。社伝によれば創祀《そうし》は第一〇代・崇神《すじん》天皇の七年（紀元前九一）とされ、天平八年（七三六）に東大寺の大勧進《だいかんじん》を務めた行基《ぎょうき》菩薩が蔵王権現を勧請《かんじょう》したと伝えられている。その後の詳細は不明であるが、鎌倉時代の文暦《ぶんりゃく》元年（一二三四）に大中臣国兼《おおなかとみのくにかね》が荒廃していた社殿を再建し、以降、修験道の道場として栄え、鎌倉幕府をはじめとして関東武士から厚く崇敬された。

また、秩父から奥多摩にかけての山岳地帯には古くから山犬（ニホンオオカミ）の信仰がある。山犬が凄《すさ》まじいパワーを持ち、畑を荒らすイノシシやキツネなどの害獣を撃退することから、「お犬様」といわれて信仰されるようになったのである。境内にはお犬様を祀った大口真《おおくちま》神社《がみしゃ》があり、狛犬《こまいぬ》の代わりに山犬の像が神前を守っている。

標高八〇〇メートルを超える武蔵御嶽山の山上付近は緩やかな斜面が広がり、そこに御師が営む三〇軒ほどの宿坊が建ち並んでいる。幕末までは「御嶽大権現（蔵王権現）」を祀る神仏習合の聖地だったが、明治の神仏分離によって「御嶽神社」と改名

武蔵御嶽神社の拝殿

し、神社として存続することになった。

他所《よそ》では神社となったときに御師は排除されたのであるが、御嶽山の御師はそのまま残って宿坊を営み現在に至っている。宿坊の主はみな神職で、交替で御嶽神社の神事や祭、社務を行っている。神奈川県の大山《おおやま》などその他の地域にも、御師の宿坊は残っているが、昔ながらの形態を保っている御師の姿は他には見られない。

山伏の修行

山伏の修行は各霊場によって独自の展開が見られるが、基本的には一度死んで、再び生まれ変わる「擬死回生」を達成するための実践である。そのためには「十《じっ》界《かい》」と呼ばれる心の階梯《かいてい》を一段ずつ登っていく修行が行われる。

「十界」とは地獄・餓鬼（がき）・畜生・修羅（しゅら）・人間・天上・声聞（しょうもん）・縁覚（えんがく）・菩薩・如来（仏）という生き物が住む一〇の世界のことで、地獄から一つひとつの世界で修行をして行くことによって最後に如来の世界に到達することができる。つまり、成仏することができるのである。

大峰山《おおみねさん》の修行では、吉野の金峯山寺を出発して熊野本宮《ほんぐう》までの急峻《きゅうしゅん》な山岳地帯を巡って地獄から始まる一〇の世界を体験していくが、羽黒山《はぐろさん》では登山口にある広沢寺善《こうたくじぜん》正院《しょういん》を起点として前半は堂内での修行が続く。

羽黒山では修行の拠点となる善正院に修行中の本尊となる「大悲遍照如来《だいひへんじょうにょらい》」という像がまつられる。「大悲」は限りない慈悲をもって衆生を救済し続ける観音菩薩、「遍照如来」はすべてのものに余すところなく救済の光明を放つ大日如来のことで、密教と融合した修験道独自の仏である。

修行者は先ずこの本尊を拝してから「地獄の行」や「餓鬼の行」など堂内の修行の後に出羽三山を巡る山林抖擻《とそう》を行い、十の世界（十界）を体験しながら次第に高い世界（境地）に登っていくのである。「餓鬼の行」では断食をして常に飢餓に苦しむ餓鬼の世界を体験し、「畜生の行」では洗顔も沐浴《もくよく》もせず垢《あか》が溜《たま》り放題の畜生（ケダモノ）の世界を体験する。この畜生の行は垢が苔《こけ》のように積もることから「苔の行」とも呼ばれる。「修羅」は修羅場と言われるように常に戦いを繰り返す世界で、山伏たちは相撲を取って修羅の心（闘争心）にする。

また、地獄の行として「南蛮燻《なんばんいぶ》し」という行が行われる。密閉した真っ暗な堂内に据えられた火鉢の中にトウガラシや米ぬか、どくだみの葉の生干しなどをくべ、団扇で扇いで行者に煙を吹きかける。その中で行者は読経《どきよう》するのであるが、喉《のど》はすぐに腫《は》れて声が出なくなり、目は赤く腫れて涙が止まらない。まさに地獄を味わうのである。

十界のうち「人間」は文字通りわれわれ人間の世界であるが、人間として生を受けてもさまざまな罪を犯している。その罪をひたすら懺悔《さんげ》するのが「人間の行」である。仏教、とりわけ大乗仏教では懺悔は極めて重要である。懺悔をして罪汚れを吐き出すことによって、われわれの心は清浄《しようじよう》になり悟りの境地に近づくことができるのである。修行者が「サンゲ（懺悔）サンゲ　ロッコンショウジョウ（六根清浄）」と唱えながら山中を巡るのは、山の霊気に触れて過去の罪汚れを懺悔すると「六根」、すなわち、眼耳鼻舌身の感覚器官と意（心）が清められて悟りに近づくためである。

また、九日間の修行中に三度、深夜に柴燈護摩《さいとうごま》という大護摩を焚く。護摩はインドに起源を持ち、密教の加持祈禱の中心になる修法で燃え盛る火焔で煩悩を焼き尽くして悟りの境地に達することを目的としている。柴燈護摩は醍醐寺を開いた理源大師聖宝が始めたと伝えられる日本特有の行法である。

出羽修験では三山に繁茂する九六本のブナの木を護摩木に用いる。直径一〇センチメートル、長さ一メートルぐらいのブナの護摩木の切り口には水を表す巴《ともえ》紋様を墨書する。九六本というのは護摩木を人間の骨格を構成する骨に見立てたことに由来する。この護摩木を井桁《いげた》に組み上げて点火し、燃え上がったところに一〇八本の萩《はぎ》の小枝を投じる。周知の通り一〇八という数字は人間の煩悩の数で、その煩悩をすべて焼き尽くす意味が込められている。

また、九六本の護摩木は行者の骨と考えられている。つまり、ここで焚かれる柴燈護摩は行者の火葬、葬儀を意味するのである。煩悩の源泉である肉体を焼き切ることによって、すべての束縛から解き放たれた自由な精神、すなわち、完全な悟りの境地に至ると考えられている。このように柴燈護摩には「擬死回生」の思想が盛り込まれているのである。

山伏は「鏡汁《かがみじる》」という具の入っていない薄いみそ汁に三切れのたくあん、麦飯という粗食で厳しい修行に耐える。これは日蓮宗《にちれんしゅう》の「百日荒行《あらぎょう》」のときの薄い粥《かゆ》とみそ汁、たくあんという食事に匹敵するひもじい食事で、一日に必要な熱量にははるかに及ばない。それでも厳しい修行に耐えられるのは、衆生救済という高遠な目標を持っているからということになる。

民間信仰と融合した修験道

古来、非常に多くの宗教家や思想家や哲学者などが「宗教とは何か？」、つまり、宗教の定義を試みているが現代に至るまで定説は出ていない。しかし、宗教の目的は超自然的な力を持つもの（神）に、われわれ人間の不安や恐怖を取り除いてもらうことにあることは間違いないだろう。

また、近代の宗教学は宗教を「自然宗教」と「創唱《そうしょう》宗教」の二つに分類している。前者は外界の自然物などに精霊が宿るというアニミズム（精霊崇拝）的信仰で、今も民間信仰の中に連綿と受け継がれており、特に日本の神の信仰には自然宗教の色彩が強い。そして、後者はブッダ（釈迦）やキリスト教を創始したキリスト、イスラム教の創始者ムハンマドのような宗教家が唱えた教えに基づく宗教である。ただし、キリストやムハンマドは神の啓示《けいじ》（神が指し示した教え）を人々に語ったもので、このような宗教を「啓示宗教」と呼んでいる。その意味では日本の神道も自らは語ることなく、特定の人間に憑依《ひょうい》して（乗り移って）その人間が神の言葉を伝えるので、啓示宗教ということもできる。

いっぽう、仏教は神のいない宗教で、釈迦は人間としてこの世に生を受け、人間として悟りを開いて人々を教え導き、人間としてこの世を去った。だから、釈迦は自分自身の言葉を語ったのであり、その意味で真の創唱宗教といえるのは仏教だけということができる。

言うまでもなく創唱宗教は自然宗教よりも遥《はる》かに後に成立し、多かれ少なかれすでに民間で行われている自然宗教の影響を受けて発展してきた。キリスト教やイスラム教は、自然宗教を徹底して否定排斥することで自らの宗教体系を構築してきた。両教が徹底して偶像を否定するのは、両教の基礎となるユダヤ教の時代、すでにパレスチナでは多くの自然宗教が信仰されており、その大きな特徴である偶像が崇拝されていた。そして、多くの人々がそれぞれ異なる偶像を崇拝している状況では統一が取れないということから、ヤーウェ（エホバ）の神やアッラーの神という全知全能の巨大な神を創り上げ、その神を唯一の信仰の対象として統一を取ったのである。つまり、偶像が偶像否定を導き出したのである。

ただ、キリスト教といえども民間信仰を全面的に否定することはできなかった。たとえばクリスマスは冬至のころの太陽の復活を祈願する祭であり、ローマの民間信仰として伝えられていた。紀元四世紀にローマ帝国がキリスト教を国教としたとき、それを取り入れたのであり、もみの木を飾るのも、もともとゲルマン民族の習慣でドイツにキリスト教が伝えられてからややしばらくして一五世紀のはじめごろに始まったらしい。

また、仏教でも釈迦は民間信仰には否定的な態度を取ったが、紀元前後に大乗仏教が興って信者の裾野《すその》が広がると、各地の民間信仰の思想や儀礼を取り入れざるを得なくなった。そして、中国、朝鮮を経由するうちにその地の民間信仰を取り入れつつ日本に伝わり、初期の仏教とは全く異なる宗教に発展したのである。

修験道は道教や神道、仏教などさまざまな宗教の思想や儀礼を取り入れて独自の体系を作り上げて来たが、何度も述べているとおり、その中でも最も密接に結び付いたのが、古くから日本人の間に伝えられている民間信仰である。修験道自体、民間信仰と呼んで差し支えなく、両者はお互いに影響し合いながら発展してきたのである。明治の初年に修験道禁止令が出されて神仏分離の最右翼に挙がったのは、修験道に民間信仰の要素が極めて強かったことも原因の一つと考えられる。

各地を巡歴している山伏は幅広い知識と膨大な情報を持っており、それを地方都市から農村、山深い山村にまで伝えていった。そして、そのことが地方の人々の知識レベルを高めることになり、不安を取り除くことにもなったのである。『菅江真澄遊覧記《すがえますみゆうらんき》』には、東北の山村の神社では優婆塞《うばそく》が神主を務め、ほら貝を吹き鈴を鳴らして『般若経《はんにゃぎょう》』を読んでいると書かれている。優婆塞は正式な僧侶ではない在家の仏教徒で、この書が書かれた江戸時代には山伏（修験者）を指す言葉だった。その優婆塞がほら貝を吹き、鈴を鳴らし、読経している。『般若経』とは『般若心経《しんぎょう》』のことだ。この記述から見ても、寺社を問わず東北では山伏が中心になってムラの宗教儀礼などを務めていたことを窺《うかが》うことができる。

村人にとって頼もしい存在だった山伏

日本の仏教は、飛鳥時代は天皇と豪族、奈良時代は天皇、平安時代は貴族が主役だった。この時代、僧侶の多くは特権階級の病気平癒や延命長寿といった不安や要望には応《こた》えたが、一般民衆の要望にはほとんど応えることがなかった。

しかし、人間は古今東西を問わず、身分などに関係なく多くの不安を抱えており、それを解消するのが宗教の役割である。山伏たちは疫病の流行や天変地異、飢饉などに恐れ戦《おのの》く民衆に寄り添い、その不安や恐れの解消に尽力したのであり、これは東大寺や法隆寺などの大寺に所属する僧侶にはできない相談だった。

山伏の祖と仰がれる役小角《えんのおづぬ》もその一人で、彼が使った妖術というのは病気平癒や延命長寿、雨乞いや豊作を願う加持祈禱《かじきとう》だったのではないだろうか。役小角に代表される山岳修行者（修験者）は民衆の要望に良く応え、求心力を得ていたのであり、そのことは国家にとって甚だ都合の悪いことだった。つまり、当時は今でいえば国家公務員だった東大寺や法隆寺などの官寺（国立の寺院）の正式な僧侶よりも、氏素性の知れない山岳修行者が求心力を得ており、これでは国家としての体面が保てなかったのである。さらに山岳修行者たちが民衆を扇動すれば、国家としての統制が取れなくなるという危惧《きぐ》があった。だからこそ、役小角は「惑百姓《わくひゃくせい》」の咎《とが》で捕らえられ、伊豆に流されたのである。

また、吉野の金峯山寺には陀羅尼助《だらにすけ》という万病に効くといわれる丸薬が伝えられ、今も製造販売されている。これは漢方の知識や医療の心得がある山岳修行者が薬を作り、民衆に配ったことに源を発すると考えられている（一一五〜一一八ページを参照）。

官寺の僧侶たちが民衆には見向きもしない時代、山岳修行者は民衆にとって極めて頼もしい存在だったのだろう。弘法大師が各地を巡って井戸や温泉を掘り当てたり、人々の苦難を救ったという話が普及し、人気を博している。しかし、弘法大師は若いときこそ諸国を巡って修行をしたが、唐から帰国して以降は高野山の創建と東寺《とうじ》の経営に専念し、京都の中でさえ行き来することが儘《まま》ならなかったようで、民衆との接点はほとんどなかったと考えられる。

弘法大師は若いときに山岳修行に打ち込んでいた。高野山を修行の地として選んだのも、この山が古くから山岳修行の拠点となっていたからだろう。そして、弘法大師伝説が広まったのは、山岳修行者としての姿と現実に民衆のさまざまな相談に乗って助けてくれる修験者のイメージが重なったことが大いに影響しているのではないだろうか。

近世になると修験者（山伏）たちはより深く民衆の中に溶け込んでいった。先に挙げた『菅江真澄遊覧記《すがえますみゆうらんき》』にも見えるように、彼らはムラの宗教的な行事を引き受け、読み書きのできない村人に経の読み方を教えたり、厄払いや豊作祈願の祈禱を行い、方位を占ったりもした。また、熊野三山や江戸や大阪に関するさまざまな情報を伝え、多少の医療を施したりもしたのだろう。農村部、とりわけ山深い山村に住む人たちにとって山伏は欠かすことのできない頼もしい存在だったと考えられる。ただ、中には民衆を欺いて金品を掠《かす》め取る悪徳な山伏がいたことも否定はできない。しかし、大方の山伏は民衆に利益をもたらしたのであり、彼らの活躍が役小角像の輪郭を整えていったのかもしれない。

トラブルを引き起こした山伏

稲荷《いなり》神の使わしめ（使い）のキツネは古くから霊的な存在と見なされていた。平安時代の末に成立した『今昔物語集』には、すでにある女性がキツネの霊に取り付かれたという話が見える。そして時代は下り、江戸時代になって稲荷信仰が爆発的に広まると、いわゆる「狐憑《きつねつ》き」の話が市中を駆け巡るようになる。

現代の医学的見地からすれば狐憑きは何らかの脳の疾患による精神の錯乱状態で、奇声を発したり、意味不明なことを口走ったり、発作を起こしたりといった症状が出るということになるのかもしれない。しかし医学の未発達だった時代にはこれを何らかの霊が乗り移る憑依現象と見なしたのである。

また、稲荷神は春先に山から降りて来て農耕を手伝って豊作に導き、収穫が終わると山に帰って行く「田の神」とも考えられている。古くは稲の順調な生長を助けるという意味で「稲成」の字が宛てられていたが、たわわに実った稲束を担ぐ姿の連想から「稲荷（稲を荷《にな》う）」の字を宛てるようになったという。

その田の神が、春先に発情期を迎えて山から人里に降りて来て甲高い声で鳴くキツネのイメージと重なった。さらにインドから伝えられた荼枳尼天《だきにてん》という鬼神のイメージとも重なったのである。荼枳尼天は人の死を六カ月前に察知し、その人が死ぬと肝を抉《えぐ》り出して食べるという。キツネも死肉を漁《あさ》る習性があることから、死者の肝を喰《く》らう荼枳尼天のイメージと重なった。

江戸時代に稲荷信仰が隆盛期を迎えると、稲荷神の使わしめのキツネが稲荷神と同体と見なされるようになり、キツネの霊性は頂点にまで高められた。そして、憑依の代表としてキツネの霊が一気にクローズアップされたのである。

このような狐憑きを煽《あお》った者に長野県の飯綱《いいづな》山の修験者（山伏）がいる。彼らは「いづな」という細い藁縄《わらなわ》を用いて憑きものを落とすと称して、家々を巡り布施を受け取った。古くから飯綱権現を祀る飯綱山は、山岳信仰が盛んで飯綱修験の拠点として栄えていた。そしては彼らは霞場を求めて各地で布教活動を行っていた。いづなとは「管狐《くだぎつね》」と呼ばれる架空の動物で、その姿について『菅江真澄遊覧記』には長野県伊那谷《いなだに》の話として次のように記されているので、少々、長いが紹介しておく。

「このくだというけものは、たいへん人を悩ませる不思議な力があって、神のように他人の目には見えないが、時には犬、猫にとって食われることがある。その形は、りす、むささびに似て、色は黒く毛は長くおい垂れ、爪は針を植えたようで、からだは小さい気味悪い動物である。これを日に干して物怪にとりつかれていると思われる病人に、わずかばかり食べさせると、たちまち眼は充血して頭をふり、容態一変して荒々しくふるまい、早口でしゃべりたて、物怪も証拠をあらわすのである。本当の病人ならば、食べてもただ塩味を舌に感じるだけで、異常はないのだ。

このころ、近所の女で管狐が憑いて、ふりあおいだり、うち伏したり、声をかれるばかりに泣き叫ぶのを、修験者を呼んで、よりましをたて、祈りにいのると、そのよりましの女は左右に持った白和幣《しらにぎて》（紙のへいそく）をささげ、不動尊の生きているような木像を凝視している。読経の声も高く、ほら貝を吹き、鈴をふり、数珠をしりながら祈って、焼き串のようなものを女の周囲にすきまなくさし回し、三尺ばかりの剣を抜き、ふりかざして、このよりましの女を今にも斬ってしまうように、修験者が叱咤すると、よりましは涙をほろほろとこぼして伏した。どうなることかとすき間からのぞいていると、よりましの女はおもむろに起き上り、長い黒髪を腕にかけ、高らかに笑って、病人の身の上を水の流れるように口早に語り出したのには、身の毛のよだつような恐ろしさをおぼえた。この某の阿闍梨《あじやり》の徳にならぶ力をもった修験者は世にないであろう。この物怪は日を経ずして去った」(『菅江真澄遊覧記』「伊那の中路《なかみち》」菅江真澄著、宮本常一編訳)

「管狐」は中部《ちゆうぶ》地方に広く分布する俗信で、竹管の中に入れて運ばれることからこの名がある。管狐は呪術を生業にする者の家にのみ繁殖し、他の家は管狐のいる家筋との婚姻などを忌避していた。また、「よりまし」は神霊が依り付く人間のことで、東北の「イタコ」など霊媒師のことである。江戸時代の山伏の中には、占い師や霊媒師といったいわゆる「霊能者」を妻として町や里に定住し、「占い」や「祈禱」などの看板を掲げて夫婦で加持祈禱などをして生計を立てている者も少なくなく、このような山伏は「里山伏《さとやまぶし》」と呼ばれていた。菅江真澄が伊那を巡ったのは江戸時代の後半の天明《てんめい》三年(一七八三)のことで、ここで祈禱をしたのは里山伏で「よりましの女」はその妻だろう。

よりましの女が、いわゆるトランス状態になって狐憑きになった女の狐霊《これい》(狐の霊)を乗り移らせて悪霊を追い払ったという話である。これは古代から行われている「憑依託宣《ひょういたくせん》」といわれるもので、ふつうは憑依したものが授かった神の言葉を人々に告げて(託宣)その後の行動の指針とする。邪馬台国《やまたいこく》の卑弥呼《ひみこ》はこの巫祝《ふしゅく》で自ら神憑《かみがか》りになって神の意思を授かり、それを人々に語って施政方針としていたことは良く知られている。

しかし、この場合は憑依した女性の身の上を語ったことによって狐霊は去って行ったという。つまりキツネに憑かれた女性に代わってよりましが懺悔をしたのである。先にも述べたように、霊山に登るときには「懺悔 懺悔 六根清浄(サンゲ サンゲ ロッコンショウジョウ)」という掛け声をかけ、日ごろの罪穢《けが》れを懺悔することによって六根が清められ、心の平安(悟りの境地)が得られるという。この山伏は日本の伝統的な憑依託宣と仏教の懺悔によって心身ともに清められて平安を得るということを融合させるという、まさに修験道の王道を用いてキツネの霊を取り除いたのである。

菅江真澄《すがえますみ》はこの修験者のことを「いづな使い」とは言っていないが、おそらく飯綱山で修行した修験者で、竹管の中から取り出し「いづな」をも用いたと思われる。

また、山伏が定住化したのは、江戸時代に国を跨《また》いでの移動が厳しく制限されたからである。本山派や当山派のお墨付きをもらっている山伏は各地を巡歴することができたが、独学で修行をして特に両派に所属しない山伏も少なくなかった。通行手形が入手困難で移動が難しかった彼らは、霊媒師などの女性と結婚して里山伏となるケースが多かった。

特に生き馬の目を抜くといわれた江戸ではいづな使いが横行し、各戸を巡って多少なりとも精神を病んでいる人を探し出した。彼らは、いづなを巧みに患者の身体に這《は》わせて狐霊がついていることを暗示させ、狐憑きと決めつけ「キツネ降ろし」、あるいは「稲荷下げ」と称して加持祈禱を行った。その際、前にも述べた出羽修験で行われていた「南蛮燻し」の手法を用いたという。

患者を柱に縛り付けて火鉢の中に乾燥させたトウガラシやドクダミの葉を入れて燻したのであるが、狭い部屋の場合など、山伏自身は充満する煙に耐えかねて狐憑きの人間を見捨てて外に逃げ出すこともあり、煙が治まって部屋に帰ると患者は治るどころか死んでいることもあり、遺族とトラブルになるケースもあったという。

このような事態に幕府も監視を強め、逮捕されて罰を受ける者も少なくなかったらしい。

神仏分離と修験道

明治維新政府は神道を国の宗教と定め、明治元年（一八六八）に「神仏判然令《しんぶつはんぜんれい》」を発してそれまで混然と信仰されてきた神と仏の引き離しに着手した。「判然令」という名が示すように、その目的は神と仏の存在を明確に分けることだった。そこで本地《ほんじ》垂迹説《すいじゃくせつ》に基づいて各地の神社に祀られていた仏像を撤去し、神仏習合の温床である神宮寺を跡形もなく撤去したのである（一八七ページを参照）。

修験道は神仏習合の典型と見なされ、神仏分離政策の最右翼に挙がった。明治五年（一八七二）に維新政府は、まず「修験道禁止令」を発した。これによりすべての山伏は還俗《げんぞく》させられ、当時、先達クラスの者だけでも一二万人いたという山伏のほとんどは失職することになった。失職した山伏は帰農するものも多かったが、露天商として各地を漂泊するもの、あるいは、寺院を持っているものは自家に戻って仏僧となった。また、各地の霊山の神職は別当を頂点とする僧侶たちに隷属していたが、羽黒山のように比較的、神職が勢力を持っているところでは、山伏は神職になることで命脈を保ったのである。

神仏分離は国家権力による宗教統制で、このような宗教統制は古今東西を問わず行われてきた。たとえばキリスト教やイスラム教は、アラビア半島で信仰されていた偶像崇拝の多神教などを排除して偶像否定の一神教に統一した。中国では時の皇帝の意向によってあるいは仏教に統一され、あるいは儒教や道教など他の宗教に統一が図られることもあった。一方、日本では仏教が伝えられると、神道と仏教が融合した神仏習合が広く行われてきた。長い歴史の中で神道が優勢の時代と仏教が優勢の時代があったが、両者は概《おおむ》ね二人三脚で発展してきたのである。

このような宗教統制は、為政者が管理しやすいようにできるだけ宗教を一本化することを目的とした。どこの国や地域でも、原始的なアニミズムから始まって偶像崇拝の多神教など多種多様な宗教が混在していた。日本では八百万《やおよろず》の神といわれるように実に多くの神々が信仰されており、それに仏教の信仰が加わり、さらにはいわゆる宗教以前の信仰としての民間信仰もある。

為政者の目指すところは民衆の信仰の対象をでき得れば一点に集中することで、そのためにはできる限り枝葉を切り落として一本の大樹にすることが必要だったのである。ただし、日本の場合は神仏習合によって神と仏が民衆の心をしっかりととらえていたことから、維新政府も仏教を排斥することなく、あくまでも神（神道）と仏（仏教）をはっきりと分けることを主眼にしたのである。

前にも指摘したように、修験道は道教の神仙術や神道、仏教、そして、稲荷信仰などの民間信仰も取り入れて独自の宗教体系を構築してきた。そして、近世になると講との結びつきを強める過程で民間信仰を多く取り入れるようになった。山伏はもともと正式な仏教の僧侶ではなかったが、室町時代に修験道が仏教の一宗派として独立して以来、真言宗の醍醐寺を総本山とする当山派《とうざんは》か天台宗の聖護院を総本山とする本山《ほんざん》派《は》のどちらかに所属することで仏教側に席を置くことになった。

ただし、修験道が槍玉《やりだま》に挙がったのは単なる神仏習合の典型という問題だけではなく、ほかならぬ民間信仰と深く結びついていることが問題だったのである。これはキリスト教がヨーロッパに広く分布していた偶像崇拝などの民俗信仰を排斥したのと同じである。維新政府はむしろ多様な展開を示している民間信仰に、いわゆる「淫祠邪教《いんしじゃきょう》」として厳しい監視の目を向けたのである。

このような民間信仰に対しては、過去に小国の戦国大名たちが排除に乗り出していた。彼らは修験者（山伏）はもちろんのこと、浄土真宗や時宗の僧侶の排除に血道を上げた。浄土真宗の基を開いた親鸞はもともと一宗派を開くつもりは毛頭なく、さらには「非僧非俗《ひそうひぞく》」と呼ばれる僧侶でも俗人でもない立場を打ち立てた。そして、髪を伸ばして特に法衣《ほうえ》も着けずに諸国を巡って浄土真宗の教えを説いた。その姿は非僧非俗で捉《とら》えどころのないものだったのである。また、時宗の基を築いた一遍も一宗派を開く意思は全くなく、寺も持たずに各地を遊行《ゆぎょう》（説法をしながら各地を巡歴すること）した。時宗の僧侶の中には遊行を続けている者も多く、これが排除の対象となったのである。

明治初年の宗教統制は、このような戦国大名の宗教統制の内容の多くを継承するものでもあった。また、維新政府は盂蘭盆会《うらぼんえ》や彼岸、施餓鬼《せがき》といった年中行事、さらには、道祖神《どうそじん》や庚申塚、▼注2 馬頭《ばとう》観音や石の地蔵を祀ることも禁じ、道祖神などの石像は叩《たた》き壊して地中に埋めたり池や川に投げ捨てたりされたのである。

修験道は神仏習合の典型といわれ、真っ先に槍玉に挙がった。しかし、修験道は神宮寺などのように単純に神社と結び付いたものではなく、それこそあらゆる信仰を取り入れた極めて複雑なもので、民間信仰に深く根差したものである。そして、民間信仰を淫祠邪教と決めつけて禁止した維新政府は修験道も淫祠邪教と見なしたのだろう。幕末までに隆盛を極め多くの民衆に支持されていた修験道は国家神道の普及を進める上で大きな障害となると考えた。だから、根絶やしにしようとしたのである。

山伏の装束と持ち物

山伏は僧侶とも神職とも異なる独特な衣装を身に着けている。これを総称して「修験十二道具」「修験十六道具」などと呼んでおり、それぞれの装束や道具に多様な意味が込められている。

〈鈴懸《すずかけ》〉

鈴懸の「鈴」は密教法具の一つである五鈷鈴《ごこれい》を意味する。これはワイングラスを逆さにしたベルの上に爪が五本突起した五鈷杵《ごこしょ》の半分を付けたもので、鳴らすことによって仏に修行に励んでいる者がいることを知らせ、仏を喜ばせることができるという。

また、「懸」は胎蔵界、金剛界の両界曼荼羅を懸けるという意味である。

山伏が入峰《にゅうぶ》修行（山に入っての修行）するときの上衣と袴《はかま》である。上衣は九枚の布で作られており、金剛界の九界（金剛界曼荼羅は九つの画面で仕切られているが、これはわれわれが経巡る九つの世界を表している）を表しているという。そして、下にはく袴は八枚の布で出来ているが、こちらは胎蔵界の八葉《はちよう》を表す。「八葉」とは胎蔵界曼荼羅の中央に位置する「八葉蓮華院」のことで大日如来が描かれた中央から放射状に八枚の蓮弁（蓮の花の花弁）が広がり、その一枚一枚に仏、菩薩が描かれている。

また、袴には前に六筋、後ろに三筋の襞《ひだ》がある。後ろの三筋の襞は地獄・餓鬼・畜生の三悪道という苦しみに満ちた世界を、前の六筋の襞は悟りに向かう修行としての六波羅蜜[▼注3]を表すという。つまり、背中に背負っている現実の世界の苦しみを取り除くために、六波羅蜜の修行に専念することを表しているのである。

〈結袈裟《ゆいげさ》〉

「袈裟《けさ》」はサンスクリット語のカーサーヴァの音写語で、黄褐色の色を表す言葉である。今でもタイやミャンマー（ビルマ）の僧侶が着ている黄色っぽい衣服がカーサーヴァの原点で修行僧は今から約二五〇〇年前の釈迦の時代からタイやミャンマーの僧侶と同じカーサーヴァを身に着けていたという。

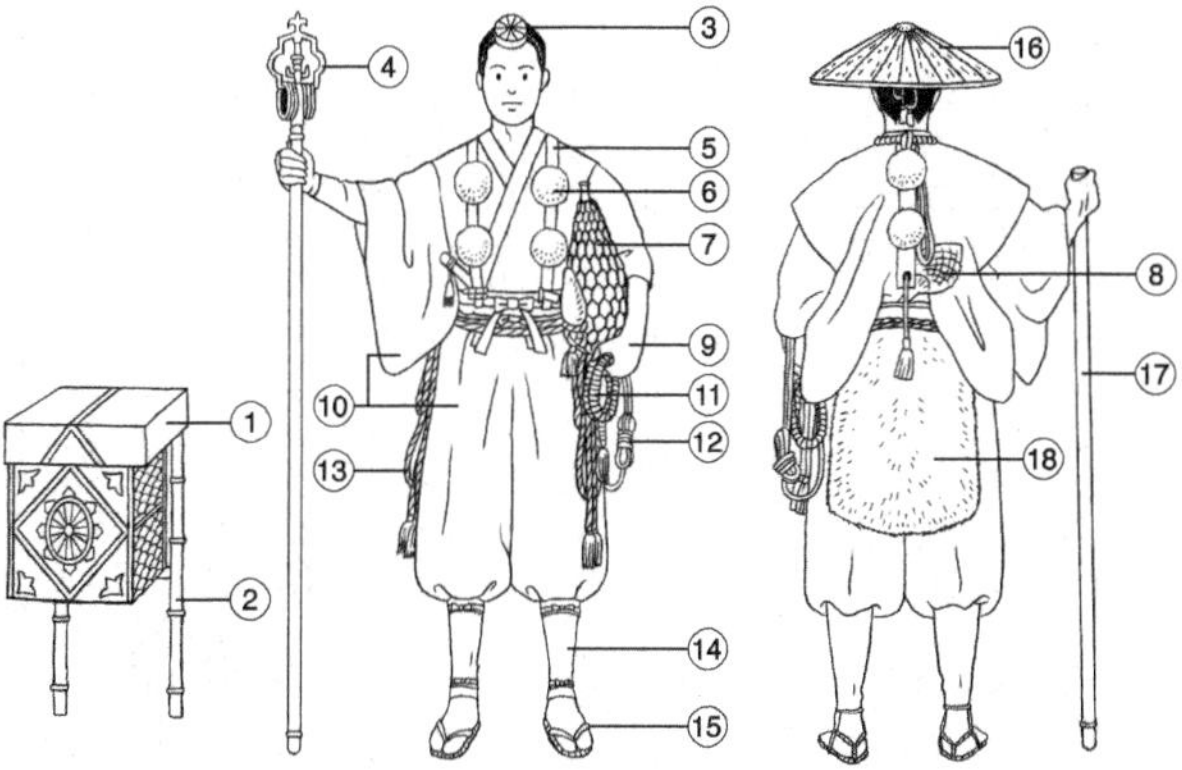

①肩箱	②笈	③頭襟
④錫杖	⑤結袈裟	⑥梵天
⑦法螺	⑧桧扇	⑨手甲
⑩鈴懸	⑪最多角念珠	⑫走縄
⑬螺緒	⑭脚絆（脛衣）	⑮草鞋（八目草鞋）
⑯斑蓋（桧笠）	⑰金剛杖	⑱引敷

山伏の装束と持ち物

もともと仏教では修行僧の衣服は一枚の新しい布から作るのではなく、廃墟や墓場などに捨てられた汚れた布切れを洗って縫い合わせて作った。従って袈裟は必然的に白や青といった単色ではなく、混濁した色になるのである。単色を「正色《しょうじき》」、混濁したものを「壊色《えじき》」といい、正色は俗人が着る色で修行僧がこれを着ることはタブーとされていた。カーサーヴァには「懐色」の意味もある。

また、仏教は中国の北部に伝えられたことから、現在、タイやミャンマーの僧侶が着ているような袈裟では冬の寒さに耐えることができなかった。そこで、下に肌着や着物を着た上に袈裟を着けるようになった。中国ではぼろ布を縫い合わせて作るようなことはなかったが、当初からの慣習に従って細い布を縫い合わせて袈裟を着けるようになり、細布を五本縫い合わせたものを「五条《ごじょう》袈裟」、九本縫い合わせたものを「九条《くじょう》袈裟」などと呼ぶようになった。

これが日本にも伝えられたのだが、修験道の結袈裟《ゆいげさ》は九条袈裟を折り畳んで縫い合わせたものである。このように、九条袈裟を折り畳んで縫い合わせることを最初に思い付いたのは、第三代天台座主《ざす》の慈覚大師円仁《じかくだいしえんにん》だと伝えられている。円仁は平安時代のはじめに天台教学を学ぶために入唐したが、当時の唐では激しい仏教の弾圧が行われて危険があった。そこで円仁は九条袈裟を折り畳んで縫い合わせ、首から下げて外に出たという。これを輪袈裟《わげさ》といい、今も天台宗の僧侶は使っている。このことから輪袈裟と同じ構造の結袈裟は、天台宗の聖護院を総本山とする本山派で使われるようになったのではないだろうか。

また、結袈裟にはテニスボールぐらいの大きさの房が六個ついている。これは「梵《ぼん》天《てん》」といわれるもので、六個ついているのは六波羅蜜《ろくはらみつ》の意味だという。つまり、修行に励んでいることを示しているのである。また、山伏の階級によって梵天の色が異なる。赤は大先達、紫は先達で白は一般の行者の付ける梵天の色である。

〈頭襟《ときん》〉

大日如来が被《かぶ》っている宝冠を表すもので、黒色で中心から放射状に一二の溝が彫ってある。一二の溝は仏教の重要な教理である「十二因縁《じゅうにいんねん》」を表すという。十二因縁は十二縁起《えんぎ》ともいう。「縁起」とは「因縁生起《いんねんせいき》」の略で、仏教では世の中のあらゆる存在は因果関係で成り立っていると考え、これが釈迦以来の仏教の根幹をなす思想である。そして、われわれが生死を繰り返して（輪廻転生《りんねてんしょう》）迷い苦しむ原因は「無明《むみょう》」であると説く。無明とは凡夫（悟りを開いていない普通の人間）が持つ根本的な無知である。この無明について仏典には次のような寓話《ぐうわ》が示されている。

ある人が薄暮の道に一本の縄が落ちているのを見て蛇と勘違いした。そこで彼は蛇を避けるために道路わきの草むらを進んだ。すると、そこに本当の蛇がいて噛《か》まれて死んでしまった。彼は真実を正しくとらえることができなかったために、思わぬ不幸に出くわすことになったのである。

このように無明を根本原因として生死を繰り返すのが輪廻転生で、すべては因果関係でつながっているのである。輪廻転生を断ち切らない限り人は苦しみの生存を繰り返すのであり、それには先ず無明という根本原因を無くさなければならない。

また、一二の溝のうち左の六本の溝は六道《ろくどう》（地獄・餓鬼・畜生・修羅・人間・天の六つの世界）を彷徨《さまよ》っている（輪廻転生している）ことを、右の六つの溝は六道を輪廻転生することから抜け出すことを表しているという。すなわち、頭襟《ときん》を着けることで輪廻転生から抜け出して、悟りの世界に向かうことを表しているのである。

〈斑蓋《はんがい》（桧笠《ひのきがさ》）〉

実用としては日傘や雨傘の役割を果たすが、山に入った行者は仏と見なされることから、仏像の上に見られる天蓋《てんがい》と見なされる。「斑《はん》」は身体に斑《まだら》模様のあるカミキリムシのことで、この虫を避けるための笠《かさ》（蓋）でもあるという。また、笠の丸い形は月輪を表し、天辺《てっぺん》につけられた三角形の部分は蓮華を表すという。

〈法螺《ほら》〉

日本最大級の巻貝であるホラガイの殻の根元に口金を石膏《せっこう》で固定した吹奏楽器でインドや東南アジアにも見られる。日本ではすでに平安時代の『梁塵秘抄《りょうじんひしょう》』や『今昔物語集』にも見えている。釈迦は絶対的な真理（真実）のみを語ることから反論の余地がなく、すべての人が自ら納得して従う。それがすべての動物を従わせる獅子《しし》（ライオン）に例えられ、釈迦の説法を獅子の吠《ほ》える声になぞらえて「獅子吼《ししく》」と呼ぶ。

この獅子吼はどこまでも届く妙なる美音だと言われ梵鐘《ぼんしょう》もこれに例えられる。『立《りゅう》螺《ら》秘《ひ》巻《かん》』という秘伝の書には法螺の吹き方などが説かれており、一定の旋律やリズムをもって吹奏される。法螺の音は釈迦の説法であり、また、山中を駆け巡る修験者同士の意思の疎通の手段としても使われる。戦国時代には戦のときにも使われたが、戦が無くなった江戸時代以降は専《もっぱ》ら山伏の法具として用いられている。

〈最多角念珠《さいたかねんじゅ》〉

念珠（数珠）は仏教ばかりでなくヒンドゥー教やキリスト教、イスラム教などで幅広く使われている。そのうち、密教では煩悩を断ち切る法具としているが、密教の影響を強く受けた修験道でも煩悩撃退用に使われている。「最多」の「最（いら）」は文字通り「最上の」「最も」という意味で「多（た）」も字のごとく「多い」という意味であるが、ここでは「煩悩が多い」という意味である。そして、「角（か）」は最大の煩悩を打ち砕くという意味である。最多角念珠《さいたかねんじゅ》には煩悩の数と同じ一〇八個の玉のような周囲の尖《とが》った扁平《へんぺい》な珠《たま》が付いており、読経や祈禱のときに激しく揉《も》みながら上下する。一般的な数珠《じゅず》のように球形ではなく算盤《そろばん》玉のように周囲が尖っているのは、これで煩悩を切り崩す意味がある。

〈錫杖《しゃくじょう》〉

先端に六つの金属製の輪のついた杖で、突くとチャリンチャリンと音がする。インドでは修行僧が各地を巡歴するときに使ったと伝えられ、音を立てるのは毒蛇除《よ》けの意味もあり、また、村人に修行僧の来訪を告げる意味があったという。インド人にとっては、菩薩が右手に錫杖を持っているのは六道を常に巡っていることを表しており、役小角《えんのおづぬ》も各地の霊山を巡ったことから錫杖を持つ像が造られる。山伏も山中を経巡っていることから錫杖を持つのである。ただし、山を歩いているとき、ふつうは四国のお遍路さんが持っているような木製の金剛杖《こんごうづえ》を持つ。読経や祈禱のときには錫杖を打ち鳴らすが、そのときに使う柄の短い錫杖もある。

〈笈《おい》〉

入峰修行者が持つ法具や仏像を入れる箱である。山は擬死回生の場であり、入峰した行者はそこで再生を目指す。そして、笈は母体であり、行者は胎児である。胎児としての行者は、山中では常に母体である笈に守られて修行に専念することができるのである。

〈肩箱《かたばこ》〉

笈の上に付ける木箱。肩の上に付けるので「肩箱」の名がある。修行者の秘箱とされ、中には入峰修行中に用いる経文や法具を入れる。

〈金剛杖《こんごうづえ》〉

修験者が歩行の助けとする八角形、あるいは四角形の杖で、修験道では大日如来を表すといわれている。長さはさまざまで修行者の身長に合ったものを用いる。金剛杖は富士登山や四国遍路《へんろ》にも用いられ、四国遍路では弘法大師の分身とされ、上部に「同行二人」と墨書される。「二人」の一人はお遍路さん、もう一人は弘法大師で、常に弘法大師が遍路を共にしてくれると信じられている。修験者の場合は、常に大日如来が厳しい修行を見守っていてくれるという意味がある。また、金剛杖は行者やお遍路さんが亡くなった時の墓標でもある。

〈引敷《ひっしき》〉

修行中に坐《すわ》るときに腰の下に敷く座具で、鹿の皮で作られる。鹿は古語でシシといわれ獅子（ライオン）に通じることから、釈迦の座る場所である「獅子座《しし ざ》」にたとえられる。つまり、山中では行者は仏（釈迦）となることを意味しているのである。また、引敷の「引」は衆生を教え導くことであるという。

〈脚絆《きゃはん》〉

脛衣《はばき》とも呼ばれ、膝《ひざ》から下を包んで保護するもので、現代の登山用スパッツに当たる。古くは黒色を用いたが、恐らく修験道が一宗派として独立してから白になったようで、今では白の脚絆に統一されている。四角い布を膝から下に巻き付け上下を紐《ひも》で結ぶ。上の結び目は「上求菩提《じょうぐぼだい》」すなわち悟りを求めることを示し、下の結び目は「下化衆生《げけしゅじょう》」、衆生を教え導くことを示すのだという。

〈修験十六道具〉

以上、紹介した十二道具に次の四つの道具を加えたのが修験十六道具である。

〈桧扇《ひおうぎ》〉

ヒノキの薄板を扇状に閉じたもので、もともと平安時代の貴族が役所に出仕するときに笏《しゃく》に代えて持つようになった。山伏はこれを腰に差し、読経や祈禱のときには桧扇の柄のところに念珠を懸けたりする。また、護摩の火を扇いで火勢を強めるときにも用いる。

〈柴打《しばうち》・宝剣〉

宇多《うだ》天皇が大峰山中で護摩を焚いたときに柴（木の枝）を切ったという刀。その刀を醍醐《だいご》寺《じ》開山の理源大師聖宝《りげんだいししょうぼう》が拝領したものと伝えられる。この故事になぞらえた刀を山伏が持つようになった。

宝剣は煩悩や魔を切る剣で柴燈護摩などの祈禱のときに用いられる。刀のように反りがなく、両刃になっており、柄は密教法具の三鈷杵になっているのが一般的である。

〈走縄《はしりなわ》〉

峰入り修行のときに山伏が腰に提げる補助ロープで、実用的には険しい岩場を登るときや緊急の場合に使う。初心者（新客）は十六尺（五メートル弱）、ある程度経験を積んだ山伏（度衆《どしゅう》）は二十一尺、先達は三十七尺の縄を持つ。また、この縄は不動明王が左手に持つ羂索《けんさく》（先端に分銅のついた縄）に見立て、煩悩を縛る意味もある。

〈草鞋《そうかい》（八目草鞋）〉

結び目が八つある草鞋《わらじ》で、八つの結び目は胎蔵界曼荼羅の八葉蓮華を表しているという。つまり、修験者は常に八葉の蓮台に乗って修行するということである。ただ、近年は白の地下足袋《じかたび》を履く山伏も多い。

注1．私幣　「幣」は幣帛《へいはく》のこと。幣帛は神に捧げる供え物のことで、古くは上等な絹布を二本の棒に挟んで捧げた。神前に供えられている「御幣」の原型である。

注2．庚申塚《こうしんづか》　中国の道教の民間信仰で、人間の身体の中には「三尸《さんし》」という虫が住んでおり、その虫が六〇日に一度巡って来る庚申の日に身体から抜け出して天に昇り、過去六〇日間のその人の所業を天帝に告げる。天帝は宇宙のすべてを支配している絶対神で人の寿命も握っている。そこで、罪の軽重によってその人の寿命を延ばしたり縮めたりするという。だから、庚申の日には青面金剛《しょうめんこんごう》という神を本尊として、一晩中灯《あか》りを灯《とも》して三尸の虫が抜け出さないように見張りをするのである。これを「庚申待ち」といい、江戸時代には農民が一晩中飲食を楽しむレジャーともなり、各地で盛んに行われていた。庚申塚は庚申待ちを営んだ記念に建てられた石碑で青面金剛が刻まれたほか、「庚申」の字だけを刻んだものもある。

注3．六波羅蜜　大乗仏教で説かれる在家の修行徳目で布施《ふせ》・持戒《じかい》・忍辱《にんにく》・精進《しょうじん》・禅定《ぜんじょう》・

智慧《ちえ》の六項目からなる。「波羅蜜」はサンスクリット語のパーラミターの音写（サンスクリット語の発音を漢字の音で写すこと）で「波羅蜜多」の略である。人に施しをする（布施）という誰でもできることから始めて戒律を守り（持戒）、人から謂《いわ》れのない誹謗《ひぼう》中傷をされたり、理不尽な現実に耐えて（忍辱）、常に精神を集中すること（禅定）を弛まず実践する（精進）ことによって智慧が顕現して悟りに至ることができるという。

第五章　代表的な霊場

出羽三山

出羽三山《でわさんざん》とは山形県の村山《むらやま》地方・庄内《しょうない》地方にまたがる羽黒山《はぐろさん》（四一四メートル）・月山《がっさん》（一九八四メートル）・湯殿山《ゆどのさん》（一五〇〇メートル）の総称で、古くから山岳信仰の聖地として信仰を集めてきた。ただし、湯殿山は江戸時代になってから三山になったもので、それ以前は月山の東に位置する葉山《はやま》（一四六二メートル）が三山の一つに数えられていた。葉山は山形県寒河江《さがえ》市にある慈恩《じおん》宗の本山・慈恩寺の奥の院だったが、天正年間（一五七三〜一五九二）に葉山と別当寺《べっとうじ》（一山を統括する寺）の慈恩寺との関係が絶たれると葉山信仰は急速に衰え、代わって湯殿山が三山に組み入れられた。また、出羽三山の呼称は昭和になってから使われるようになったもので、江戸時代までは「羽州《うしゅう》三山」「奥三山」などと呼ばれ、天台宗系では「羽黒三山」、真言宗系では「湯殿三山」などと呼ばれていた。

江戸時代までは三山は羽黒山大権現《だいごんげん》、月山大権現、湯殿山大権現と呼ばれ、それぞれに本地仏《ほんじぶつ》が定められており、羽黒山は聖観音菩薩《しょうかんのんぼさつ》、月山は阿弥陀如来《あみだにょらい》、湯殿山は大日如来《だいにちにょらい》とされていた。また徳川将軍家の庇護《ひご》を受け、羽黒山と月山は徳川家の宗旨でもあった天台宗に改宗した。しかし、新たに三山に加わった湯殿山は、縁起に空海の開山《かいさん》と伝えられていることから真言宗になった。

しかし、明治になると神仏分離政策によって本地仏は廃され、三山はそれぞれ神社となって祭神も改められ、羽黒山は倉稲魂命《うかのみたまのみこと》（伊氏波神《いではのかみ》）、月山は月読命《つくよみのみこと》、湯殿山は大山祇命《おおやまつみのみこと》、大己貴命《おおなむちのみこと》、少彦名命《すくなひこなのみこと》とされた。

ちなみに現在、各地の神社に祀られている祭神は、出羽三山のように、明治初年に急ごしらえで定められたものである。しかも、祭神を選定したのは仏教嫌いの右傾した神道家や、歴史や宗教についての知識を全く持たない無知蒙昧《むちもうまい》な明治政府の役人たちだった。その結果、千年以上に及ぶ伝統を無視して、いい加減な祭神が割り当てられたのである。

たとえば、羽黒山は古くから農耕の守護神として信仰されていたことから、単に穀物の神である倉稲魂命に定められた。月山は「月」という字のつながりで月読命が定められた。湯殿山の大山祇命は山の神の総元締めであり、また湯殿山が温泉の湧き口を御神体としていることから、温泉開発の神とされる大己貴命（大国主命《おおくにぬしのみこと》）も祭神とした。少彦名命は出雲で大己貴命の国造りを手伝った神である。要するに、きわめて短絡的な理由で祭神が定められ、長きにわたって培われてきた地域の信仰や伝統は全く無視されたのである。

月山と湯殿山は冬期の積雪が多くて参詣できないため、標高が低く積雪も比較的少ない羽黒山に三山の神を祀る「三神合祭殿《さんじんごうさいでん》」を設けて参詣の便宜を図っていた。

〈羽黒山〉

羽黒山は第三十二代・崇峻《すしゅん》天皇の第三皇子とされた蜂子皇子《はちこのおうじ》(一説に五六二～六四一)の開山と伝えられている。崇峻天皇は蘇我馬子《そがのうまこ》に反発したことから、馬子が放った刺客に暗殺された。このとき聖徳太子や臣下の者が密《ひそ》かに蜂子皇子を逃がし、各地を転々とした皇子は出羽国に至って出羽三山を開いたと伝えられている。

これはもちろん伝説で、いわゆる「貴種流離譚《きしゅりゅうりたん》」、すなわち高貴な身分に生まれた者が卑《いや》しい身分に身をやつして諸国を流浪するという話の一類である。ただ、蜂子皇子は聖徳太子と同時代(六世紀後半から七世紀前半)の人であり、『続日本紀《しょくにほんぎ》』の六九年の条には修験道《しゅげんどう》の祖である役小角《えんのおづぬ》の記述が見えているから、蜂子皇子の時代に山岳修行がかなり普及していたことが推測される。したがって、七世紀ごろには出羽三山にもかなりの数の山岳修行者がいたと考えて差し支えないだろう。

標高四一四メートルの羽黒山は山というより丘陵の体をなしており、三神合祭殿の前の御手洗池《みたらしいけ》が信仰の対象となっていた。この池には平安時代から銅鏡を奉納する慣習があり、「鏡池《かがみいけ》」とも呼ばれている。御手洗池は麓《ふもと》の農民たちにとって貴重な水源であり、羽黒山は水神として信仰されてきた。このような湖沼や池、または、分水嶺《ぶんすいれい》としての山の稜線《りようせん》に対する信仰を水分《みくまり》信仰と呼び、各地の水源地には水分神が祀られた。滋賀県の湖東三山《ことうさんざん》や会津《あいづ》の寺社はみな水源に祀られており、他の神仏が祀られているが、根源的には水分神に対する水神信仰である。

羽黒山も淵源《えんげん》するところは水分信仰であり、それと各地の霊山に見られる祖霊信仰が融合したものである。明治以降も祖先の霊を供養するための「霊祭殿《れいさいでん》」が設けられている。

〈月山〉

日本には太古の昔から、亡くなった人は山に赴いてやがて頂上から天界に昇って神になると信じられていた（二一ページを参照）。死者が赴く山はムラの近くの山であるが、富士山のような独立峰で広範な地域から望むことのできる山は多くのムラの人々の共通の礼拝の対象となった。そして出羽三山中では、独立峰で標高の高い月山が共通の崇拝の対象となり、出羽三山を取り巻く広範な地域の祖霊信仰《それいしんこう》を形作ったのである。なお、羽黒山は水源としての御手洗池（鏡池）に対する水神信仰、湯殿山は温泉の湧き口の大岩が神体で温泉に対する信仰がある。

月山は富士山や岩木山《いわきさん》などと同じく遠方からも望むことのできる山に対する信仰であるが、頂上付近は麓にそそぐ河川の源流でもあり、水源を守る水神としての信仰も

月山

あり、また日本海からも望むことができることから、当山（航海や漁業の目印となる山）として豊漁や航海安全の守護神としても信仰されている。

祖霊が赴くと考えられ、今も月山神社では八月一三日（かつては旧暦七月一三日）に柴燈護摩《さいとうごま》が焚かれる。これは盂蘭《うら》盆会《ぼんえ》の迎え火に当たるもので、麓の集落では山頂で焚かれる火を見てから迎え火を焚く。

〈湯殿山〉

『大日坊由来《だいにちぼうゆらい》』という湯殿山《ゆどのさん》の縁起によれば、空海が唐から帰朝した翌年の大同《だいどう》二年（八〇七）に開いたと伝えている。

湯殿山の御神体は巨大な赤茶色の岩でその上部から温泉が湧出《ゆうしゅつ》している。この巨岩は「出湯権現《いでゆごんげん》」「御宝前《ごほうぜん》」などと呼ばれ、湯（温泉）に対する信仰である。空海は大梵字川を遡上《そじょう》して大日如来に出会い湯殿山を開山したとされているが、温泉の湧き出る巨岩がその大日如来と考えられている。

この御神体を拝するには、先《ま》ず入り口の拝殿でお祓《はら》いを受ける。そして、急な細い坂道を下って吊《つ》り橋を渡り、さらに少し上ったところに本殿がある。ここで履物を脱いで裸足になって巨岩の淵《ふち》を登って行くのだが、流れ落ちる湯がかなり熱く感じられる。ここで大日如来と対面し合体することによって悟りの世界に至ると考えられてい

湯殿山本宮大鳥居

る。また御神体の巨岩は女陰と考えられており、これを拝することは再生を意味するのである。

また、湯殿山は開山とされる空海の影響を受けて即身成仏の信仰がある。空海には高野山《こうやさん》で深い瞑想《めいそう》に入ったまま生きながら成仏したという「入定伝説《にゅうじょうでんせつ》」があり、現在も空海は高野山の奥の院で生き続けており、人々を救済していると信じられている。近世になると、この入定伝説からミイラになって即身成仏を果たそうとの奇習が生まれた。これを目指す行者《ぎょうじゃ》は米や粟《あわ》、稗《ひえ》などの五穀断ちをして木の実だけで命を繋《つな》ぐ「木食行《もくじきぎょう》」を続け、三年から五年ほどで骨と皮だけの状態になって最期を遂げるのである。これを「即身仏」といい、かつて湯殿山の別当寺だった大日坊《だいにちぼう》をはじめ、出羽三山周辺には数体の即身仏が祀られ信仰されている。即身仏は空海の「海」の一字を取って何海上人と呼ばれている。

大峰山

大峰山《おおみねさん》は紀伊半島の中央部に位置し、北は奈良県の吉野から南は和歌山県の熊野に至る山脈の総称で、その間に山上ヶ岳《さんじょうがたけ》（一七一九メートル）、稲村ヶ岳《いなむらがたけ》（一七二六メートル）、八経ヶ岳《はっきょうがたけ》（一九一五メートル）の山々が連なっている。大峰山という単独の山がある訳ではないが、江戸時代には山上ヶ岳を大峰山と呼ぶようになった。

また、吉野には吉野修験の拠点・金峯山寺《きんぷせんじ》があり、ここから山上ヶ岳までの間を金峯山と呼ぶ。『万葉集』では「御金《みかね》の峰」と詠まれおり、古くはこの山中に黄金が眠ると考えられていて「金御嶽《かねのみたけ》」の名で親しまれた。役小角《えんのおづぬ》がこの地で修行中に蔵王権現を感得し、その像を造って祀ったのが金峯山寺の起源とされている（一〇九ページを参照）。縁起によれば、役小角は修行中に末法の世を救う仏の出現を求めた。それにより出現したのが本地仏の釈迦如来（過去）、千手観音《せんじゅかんのん》（現在）、弥勒《みろく》菩薩（未来）という三世《さんぜ》（過去・現在・未来）の衆生（すべての人々）を守る権現としての金剛蔵王《こんごうざおう》権現だったと伝えられている。

「金剛蔵王」とは金剛界と胎蔵界《たいぞうかい》をともに治めるという意味である。つまり、神羅万象が生々流転《しょうじょうるてん》する現実の世界（金剛界）と静寂に包まれた悟りの世界（胎蔵界）の両者を統括するという意味である。金峯山寺の蔵王権現堂には四メートルから七メートルを超える三体の像が安置されている。牙《きば》を剥きだして髪の毛を逆立てた激しい怒りの表情で、右手の拳《こぶし》を高く突き上げ、左手は握って腰の辺りに据えて右足を高く上げた躍動感あふれるポーズをとる。権現堂の背後の本地堂には、釈迦如来、千手観音、弥勒菩薩の本地仏が安置されている。本地堂は明治の神仏分離で撤去されたが、近年、仏像と共に再建された。

ほとんどすべての仏、菩薩の起源はインドにあるが、蔵王権現は日本オリジナルの

大峯奥駈修行（世界遺産吉野大峯活性化事業実行委員会提供）

尊格で、すでに奈良時代には蔵王権現像が造られていたと考えられ、平安時代の末までには山形県の蔵王山をはじめ各地に勧《かん》請《じょう》されて信仰されていた。

出羽三山や熊野三山など全国に修験の霊山は数々あるが、大峰山は「修験道の揺籃《ようらん》」といわれ、修験道の草分けとして特別の地位を保ち続けて来た。各地には大峰山になぞらえて「国御《くにみ》嶽《たけ》」を定め、これが木曾をはじめとする「御嶽信仰」の端緒となったのである。

また、かつては大海《おおあ》人皇子《まのおうじ》（のちの天武《てんむ》天皇）が壬申《じんしん》の乱（六七二）のときに、戦勝を祈願して吉野を拠点にしたのをはじめ、離宮が設けられて天皇の行幸の地としても重要な地位を締め、建武《けんむ》の新政のときには、後醍醐《ごだいご》天皇が吉野を南朝の拠点としたことでも知られている。また、平安時代には藤原道長《ふじわらのみちなが》が参詣して経塚《きょうづか》を建てるなど、貴族や西行《さいぎょう》のような文人の来訪も数多く、文学にもたびたび登場する。

大峰山の女人結界門

吉野から山上ヶ岳、八経ヶ岳などを経て熊野本宮《ほんぐう》に至る八〇キロに及ぶ従走路は「大峯奥駈道《おおみねおくがけみち》」といわれる修験の道で、夏季には「峰入《みねい》り」「入峰《にゅうぶ》」という山林抖《と》藪《そう》（山林を駆け巡る修行）の行が行われる。途中には神仏が宿るとされる「靡《なびき》」と呼ばれる聖地が七五ヵ所（「七十五靡」）あり、山伏《やまぶし》は靡ごとに読経や祈願をしながら進む。

吉野から熊野本宮に至るのを「順峰《じゅんぶ》」といい、熊野本宮から吉野に至るのを「逆峰《ぎゃくぶ》」という。中世以降は聖護院を総本山とする本山派《ほんざんは》は熊野信仰の主導権を握っていたことから「逆峰《ぎゃくぶ》」を行い、醍醐寺を中心とする当山派《とうざんは》は金峯山寺を起点とする「順峰」の奥駈を行ったが、江戸時代に熊野信仰が衰えると両派とも

「順峰」を行うようになった。ちなみに、金峯山寺の山門は本堂（蔵王権現堂）と背中合わせに立っている。山門は「大峰奥駈道」の門なのである。

入峰修行は江戸時代まで盛んに行われていたが、明治の神仏分離で禁止され、以降、奥駈道も荒廃していた。しかし昭和四〇年代に整備されて復活し、入峰修行も行われるようになったが、今も山上ヶ岳付近の一部は女人禁制である。また、山上ヶ岳に登るルートとしては、奈良県の吉野郡天川《てんかわ》村から登るものがあった。

役小角は吉野の開山に先立って弁才天《べんざいてん》をまつって修行の拠点としたことにはじまるとされ、空海は高野山開創前にこの地を拠点に大峰山に登り山林抖藪の行を行っていたと伝えられている。

天川弁天は早くから大峰修験のベースキャンプになっており、江戸時代までは南朝の御所跡と六〇余りの坊が建ち並んで活況を呈していたという。しかし、明治の神仏分離によって仏教色は廃され、「天河大弁財天社」という神社になって現在に至っている。本殿は一五メートルぐらいの大岩の上に建ち、その真下から垂直に下る穴が大岩に穿《うが》たれており、下部に水をたたえているという。これが本社の御神体で、巨岩に対する磐座信仰から発して、巨岩の下部にたたえられた水と水神である弁才天が結びついたものと考えられる。

熊野三山

「熊野三山」とは熊野本宮大社、熊野速玉《はやたま》大社（新宮《しんぐう》）、熊野那智《なち》大社の総称で、古代から神仏習合の聖地として信仰されて来たが、「三山」の呼称が示すように仏教色の強いところである。『延喜式』「神名帳《じんみょうちょう》」には、熊野坐《くまのにいます》神社（熊野本宮大社）と熊野速玉大社の二社が記載されているが、熊野那智大社の記載がない。これは那智大社は那智の滝を御神体とした修行の場だったからである。

平安時代には本地垂迹説《ほんじすいじゃくせつ》により、それぞれの祭神に本地仏が定められた。熊野本宮大社の祭神は熊野家都御子神《けつみこのかみ》で本地仏は阿弥陀如来、熊野速玉大社の祭神は熊野速玉大神で本地仏は薬師《やくし》如来、熊野那智大社の祭神は熊野夫須美神《ふすみのかみ》で本地仏は千手観音である。三山はもともと別々の聖地として信仰されていたが、一一世紀後半になると三社にはそれぞれの祭神が共通の祭神として祀られるようになった。つまり、本宮には家都御子神とともに速玉大社の速玉大神と那智大社の夫須美神が祀られ、那智大社には夫須美神とともに本宮大社と速玉大社の祭神が祀られて「熊野三所《さんしょ》権現」と呼ばれて一体感を強めたのである。さらに、主祭神以外の祭神も三社に祀られて「熊野十二所権現」と呼ばれるようになった。

熊野三山は早くから山岳修行の拠点となり、奈良時代には主に法相《ほっそう》宗の僧侶が、平安時代には真言宗や天台宗の密教僧が山岳修行に励んだ。彼らは道教の神仙思想や

『法華経』の「捨身《しやしん》」の思想の影響を受けるとともに、さまざまな教義や手法を駆使して修行を行い、修行で獲得した知識や験力《げんりき》を用いて民衆を教化し、病気平癒の祈禱《きとう》を通じて幅広い階層の人々の支持を得て法皇（退位して僧籍を得た天皇）の御幸《ごこう》も行われるようになった。

御幸は延喜七年（九〇七）の宇多《うだ》法皇が最初で、一〇世紀の末には花山《かざん》法皇が那智に参籠《さんろう》して青岸渡寺《せいがんとじ》の如意輪《にょいりん》観音を拝し「日本第一霊場」と定めた。また、歴史上もっとも大規模だったのは白河法皇が永久《えいきゅう》四年（一一一六）に行った熊野御幸で、このとき先達を務めた三井寺《みいでら》の増誉《ぞうよ》が熊野三山検校《けんぎょう》に任ぜられた。熊野三山検校は熊野の別当《べっとう》（一山を統括する僧侶）の上に置かれ、検校を置いたことによって、それまで地方の霊場に過ぎなかった熊野三山の権威は急速に高まった。増誉が検校になって以降、熊野三山は天台宗との関係が緊密になり、近世になると聖護院を総本山とする本山派が勢力を持つようになった。

白河法皇の熊野御幸はその後恒例化して、法皇の御幸は九度に及んだ。院政期になると上皇や法皇の熊野御幸は頻繁に行われるようになり、とりわけ後白河《ごしらかわ》法皇は三四回、鳥羽《とば》上皇は二七回の御幸を果たしている。また、後白河法皇は熊野十二所権現を勧請、京都東山《ひがしやま》の今熊野観音寺《いまくまのかんのんじ》に新熊野《いま》神社を創建して熊野参詣の代わりとした。

このように歴代上皇が頻繁に熊野を訪れるようになったのは、古くから熊野が吉野と深い関係にあったからである。吉野から熊野に至る大峰奥駈道も早くから開かれており、熊野三山も朝廷によく知られていたのである。

今も天皇が行幸する先々の道路や休息所などが整備されるが、当時も上皇が熊野詣を繰り返すようになると、京都から熊野への行路は格段に整備が行き届くようになった。一二世紀になると貴族たちが挙《こぞ》って熊野に詣でるようになり、一般民衆の熊野詣も盛んになって、「蟻《あり》の熊野詣」といわれるように参詣者が蟻の行列のように連なる盛況ぶりになった。

また、平安時代の末には別当が絶大な権力を持つようになり、湛増《たんぞう》という別当は源平合戦の命運を握っていた。というのも、熊野灘《なだ》周辺の海域には「熊野水軍」と呼ばれる強力な海軍組織が割拠しており、熊野の別当はその熊野水軍を傘下におさめていたのである。当時は合戦のときに大寺の僧兵や水軍に援軍を求めたが、湛増は源氏と平氏双方から援軍を求められていたという。決断に窮した湛増は紅白の鶏で七番勝負を行い、七番とも白の鶏が勝ったことから白旗の源氏に加勢することに決めた。その結果、平氏は滅びたというのである。

現在、紀伊田辺《たなべ》には闘鶏《とうけい》神社という神社がある。明治以前に別当がいた別所《べっしょ》で、別当はここから熊野三山の経営を行った。また「今熊野《いまくまの》」とも呼ばれ、熊野十二所権現を勧請して、この神社に参詣すれば三山詣をしたことになった。

平安時代後半に浄土信仰が盛んになると、阿弥陀如来を本地仏として祀る本宮は極楽浄土に比定され、極楽往生を願う多くの参詣者で賑《にぎ》わうようになった。この時代[注1]には阿弥陀信仰と共に観音信仰も盛んになり、那智山が観音の浄土である補陀落に比定された。そして、那智山の南の海岸にある補陀洛山寺《ふだらくさんじ》から観音の浄土を目指して小舟で乗り出す「補陀落渡海《ふだらくとかい》」という奇習を生んだ。

補陀落渡海とは舵も櫓もない小舟にわずかな水と食料だけを積んで乗り込み、那智勝浦《かつうら》の補陀洛山寺の前の海岸から船出して、観音の浄土に渡ろうとするものである。事実上の自殺行為であるが、中世以降、補陀落渡海は西日本の各地で行われ、とりわけ那智勝浦では盛んになり、補陀洛山寺の境内には一〇八名の「補陀落上人（補陀落に渡ったとされる僧侶）」の碑が建ち、また、復元された渡海舟も展示されている。

鎌倉時代には時宗の基盤を築いた一遍《いっぺん》が熊野に詣で、本宮に参籠したときに熊野権現の託宣を受けた。これによって一遍は浄土信仰に確信を持ち、極楽往生を約束する札[注2]を配って全国を遊行した。このことが時宗の形成に大きな影響を与え、時宗の聖地として多くの信者が参詣するようになった。

また、このころから熊野比丘尼《びくに》（一九七ページを参照）や先達の山伏がいわゆる「熊野曼荼羅《まんだら》」を携えて諸国を巡り、信仰を広めて多くの信者を獲得した。信者たちは室町時代に形成された講を組んで熊野に参詣するようになり、未曾有の活況ぶりを見せた。彼らは熊野に莫大《ばくだい》な利益をもたらし、熊野では潤沢な資金を近畿地方を中心とする武士や公家などに貸し出してさらなる利益が生まれた。近畿地方の相互銀行（平成四年に廃止になり多くは普通銀行に転換した）の原資の一部は、この「熊野マネー」であると言われている。

しかし、江戸時代の後半に紀州《きしゅう》藩が神仏分離政策▼注3を実施したことにより、熊野信仰は急速に衰えることになった。明治の神仏判然令と修験道禁止令、さらには廃仏毀釈《はいぶつきしゃく》によって壊滅的な打撃を被り、山内にあった多くの寺は廃寺となり、伽藍《がらん》や仏像の大半は破壊されて遺棄された。

太平洋戦争後は少しずつ復興し、二〇〇四年にはユネスコの世界遺産に登録された。しかし、全体の景観は旧態を復するにはとうてい至っていない。

注1．補陀落　サンスクリット語のポータラカの音写（サンスクリット語の発音を漢字の音で写すこと）で、観音菩薩の浄土の意味である。すでにインドで観音信仰が盛んになったことから、地上にポータラカが求められ、中国に観音信仰が伝わると浙江《せっこう》省の普陀山が観音の浄土とされ、日本では日光の男体山《なんたいさん》（補陀洛山）と熊野の那智山が補陀落に比定された。また、チベットは国土全体が補陀落とされ、ラマ教（チベット仏教）の拠点はポタラ宮とよばれ、ポータラカの名がそのまままつけられている。

注2. 札　一遍は「南無阿弥陀仏　決定往生《けつじょう》五十万人」と書かれた縦七センチ、横四センチほどの札を不特定多数の人々に配って往生を約束した。このように札を配ることは「賦《ふ》算《さん》」と呼ばれる独特の布教方法で時宗に受け継がれている。

注3. 紀州藩が神仏分離政策　神仏分離は明治維新になって唐突にあらわれたものではなかった。すでに戦国時代末期の小国では神仏分離政策が取られて、戦国大名が参拝する以外の神社や寺院が撤去され、民間信仰などが排除された。これは民衆の信仰を為政者の信仰に統一し国内の統治を徹底するために行われたもので、このような宗教統制は古今東西を問わず為政者が必ず実施してきた。また、江戸時代に国学が擡頭《たいとう》してくると国学者たちは外来の宗教である仏教を排斥し、国学に傾倒した水戸光圀《みつくに》などは激しい廃仏毀釈を行い、九代水戸藩主・徳川斉昭《なりあき》も光圀に倣って廃仏毀釈を敢行した。そして、同じく国学を重んじた紀州藩も神仏分離政策をとったのである。

富士山

標高三七七六メートル。日本最高峰の富士山は太古より日本一の霊峰として信仰を集めて来た。江戸時代以降、コノハナノサクヤビメノミコトが祭神とされたが、もともとの祭神は「浅間神《あさまのかみ》」である。熊本の阿蘇《あそ》山の「アソ」や浅間の「アサ」は火山を意味すると考えられており、もともと火山の噴火の凄《すさ》まじい威力に対する畏怖《いふ》の念から生じた名と考えられている。富士山の名称について最も古い記録は『常陸風土記』で「福慈岳」と記されている。そのほか、古くは「不二山」「不尽山」と書かれていたが、時代が下ると「富士山」と書かれるようになった。ただ、「フジ」という名称は古くからあり、これは大和言葉で「長い斜面」の意味であるともいわれている。

何度も噴火を繰り返し、すでに奈良時代には朝廷にも富士山の存在が知られていた。そして、大規模な噴火の度に朝廷から勅使が参向して神意を窺い、奉幣《ほうへい》（神への供え物）を献じて神階《しんかい》（神の位階）を奉じたという。平安時代初期の貞観六年（八六四）に大噴火があり、山梨県側に流れ出した溶岩が「せの海」という広大な湖を西湖《さいこ》と精進湖《しょうじこ》、本栖湖《もとすこ》に分断した。その際、流れ出た溶岩が冷えてできた樹林帯が青木ヶ原の樹海である。その後も平安時代を通じて噴火を繰り返したが、鎌倉時代には沈静化した。最後に噴火したのは江戸時代の宝永《ほうえい》四年（一七〇七）で、このとき、東麓の二六〇〇メートル付近に大規模な噴火口ができ、宝永火山が形成された。

平安時代末には未だ煙が棚引いていたといい、鎌倉時代には煙は消えていたというが、同時代の西行の歌にも煙が歌われている。

また、富士山を源流とする川は一本もないが、大量の雪解け水は頂上付近から堆積した砂礫《されき》をゆっくりと流れて、標高二〇〇〇メートル付近の岩盤でせき止められ、そこから一〇〇年もの歳月を経て山麓の各所に湧出する。富士五湖や忍野八海《おしのはっかい》、柿田川湧水群をはじめとして山麓の広範な地域に湧き出しており、農地を潤すとともに美しい景観を創り出して観光資源にもなっている。

　山麓の人々は太古の昔からこの自然の恵みに感謝し、伏流水の源である富士山を水神として崇めてきた。富士山の信仰は猛威を振るう火山とともに水に対する水分《みくまり》信仰だったのである。

　また中世には、本地垂迹説《ほんじすいじやくせつ》に基づいて浅間大神《あさまのおおかみ》を祭神とし大日如来を本地仏とする図式が確立し、祭神は「浅間大菩薩《せんげん》」と呼ばれるようになって山岳修行（修験道）の拠点として盛んな信仰を集めた。山頂付近は胎蔵界曼荼羅の中心にある「八葉蓮華院」に比定され、中心の大日如来から八葉の蓮弁（八枚のハスの花びら）が放射状に広がり、その一枚一枚に仏、菩薩が鎮座すると考えられるようになった。

　室町時代に講が発展すると、江戸を中心とする富士講の信仰が盛んになり、多くの参詣者が富士山を目指し、江戸時代には年間（夏季の入山期間）、五〇〇〇人の一般信者が富士の頂上を踏んだという。当時は女人禁制で男性も限られた人しか登ることができず、加えて装備も貧弱だったことを考えれば、五〇〇〇人は驚くべき数で、おそらくその何十倍もの人が富士山麓に押し掛けたことは想像に難くない。富士吉田《ふじよしだ》の河口湖《かわぐちこ》周辺には、このような大量の参詣者を受け入れるための御師住宅が発達したのである。

〈富士山の初登頂〉

平安時代の末に作られた『聖徳太子絵伝』には、聖徳太子が甲斐国《かいのくに》（現在の山梨県に相当）から献上された黒駒《くろこま》という駿馬《しゅんめ》に乗って富士山に登る姿が描かれている。江戸時代まで聖徳太子の絵巻（絵伝）は作られたが、太子の富士登攀《とうはん》は絵巻の定番になっている。また、『日本霊異記《りょういき》』には伊豆に流された役小角《えんのおづぬ》が空を飛んで富士山に登ったと記されている。しかし、これらは伝説で史実ではないことは言うまでもない。

また、『富士山記』という文書には都良香《みやこのよしか》なる平安時代の学者が貞観一七年（八七五）に富士山の頂上を極め、山頂付近の光景を詳細に記し、コバルト色の火口湖があったことなどを述べている。火口湖を除いては今の頂上付近の光景と一致していることから、都良香が登頂したのは事実であるとも考えられる。しかし、登頂の時期は貞観の大噴火からわずか一〇年後のことであり、未だ活動は活発で果たして近づくことができたかどうかは疑問である。さらに、火口湖のまわりに竹が生えているといっていることも疑わしい。

また、平安時代末期に編纂《へんさん》された『本朝世紀《ほんちょうせいき》』という歴史書の久安《きゅうあん》五年（一一四九）の四月一六日の条に、駿河国《するがのくに》の末代上人《まつだいしょうにん》という僧侶が富士山に数百回登り、山頂に大日寺という寺を建てて「富士上人」と呼ばれていると記されている。さらにその

富士山（谷文晁「日本名山図会」天／国立国会図書館デジタルコレクション）

年の五月一三日の条には、鳥羽法皇の命により一切経《いっさいきょう》を背負って富士山に登り、頂上付近に埋納▼注1して大日寺を建立したという記述があり、昭和五年にその経典と思《おぼ》しきものが出土している。これらの記述や経典の出土などから、末代上人の登頂には信《しん》憑性《ぴょうせい》があり、記録の上では初登頂とみられている。

ただ、末代上人が登頂したときに山頂付近で金時《きんとき》上人や覧薩上人、日《にち》代《だい》上人らの遺品を発見したというから、それ以前にも噴火の間隙を縫って登頂した人がいたのかもしれない。

末代上人は登頂に先立って、富士《ふじの》宮《みや》の浅間《せんげん》大社から二キロほどのところにある山宮に一〇〇日間、参篭して精進潔斎したと伝えられている。山宮は古代より富士山の遥拝所《ようはい》（遠くから拝む場所）とされ、富士山本宮浅間《ほんぐうせんげん》大社の本源の地である。また、上人は山宮近くの今の村山浅間社のところに伽藍を建立し、ここで即身成仏して「大棟梁権現」となり、富士山の守護神となったという。鎌倉時代以降、この地ではいわゆる「村山修験」が栄え、一五世紀には聖護院門跡の道興准后《どうこうじゅごう》が来訪して本山派の傘下に入った。

〈富士講の祖・長谷川角行〉

近世になって講が結成されて富士講が盛んになった。富士講の祖といわれその発展に多大な影響を与えたのが長谷川角行《はせがわかくぎょう》（一五四一～一六四六）という人物である。彼は富士西麓の人穴《ひとあな》と呼ばれる岩窟《がんくつ》（風穴）の中で四寸五分（約一五センチ）四方の角材の切り口の上で千日間の修行をし、満願の日に浅間大菩薩から託宣を受けて一切衆生の救済に乗り出したという。

その後、富士山に登頂して数々の難行苦行を行った。元和《げんな》六年（一六二〇）に江戸でコレラが流行したときには真筆の護符を配り、コレラが治ったことから多くの信者を獲得し、江戸で富士講が佳境を迎えると「富士講の祖」と仰がれるようになった。

角行の跡を継いだ人に食行身禄《じきぎょうみろく》（一六七一～一七三三）がいる。食行は伊勢の生まれで長じて江戸に出て商いをして財を成し、角行の影響を受けて富士信仰に専念するようになった。「食行」は断食の行のことで、「身禄」は仏滅後、五十六億七千万年後に地上に降りて来てすべての衆生を救う弥勒仏の意味で、断食行に励んで自ら救世主となる決意を込めた名である。

六〇歳のときに蓄財は悪であると悟って全財産を処分し、油売りで生計を立てながら修行に専念し、貧困の中で修行に打ち込む姿から「乞食《こじき》身禄」と称された。身禄は人々の苦悩を一身に受ける「代受苦《だいじゅく》」を実践し、加持祈禱を中心とした現世利益的な救済とは別に、格差や男女差別といった社会問題に目を向けて「世直し」を訴えた。そして、男女平等の精神に基づき女人禁制だった富士山への女性の登拝にも力を入れ、すべての人は平等であることを訴え続けた。このような身禄の思想は多くの人々の共感を得て富士講の発展に大きく貢献した。

享保《きょうほう》一八年の六月に富士山北側の烏帽子《えぼし》岩で雪解け水を飲むだけで三一日間の断食を行い、入定[▼注2]して最期を遂げた。身禄は富士講中興の祖と崇められ、御師住宅の奥の間には身禄の像が祀られた。

〈三山巡り、富士塚〉

江戸時代に富士講が隆盛期を迎えると、神奈川県の大山《おおやま》と東京の高尾山を共に巡る「三山巡り」が盛んになった。大山には大山阿夫利《あふり》神社が鎮座し古くから降雨の神と

千駄ヶ谷の富士塚（東京都渋谷区／鳩森八幡神社）

して厚く信仰されており、今も東京から大山にかけては「大山街道」と称するかつての参詣道が各所に残っている。高尾山は信州《しんしゅう》の飯綱《いいづな》権現を祀る山岳信仰の山で、早くから多くの参詣者を集めた。高尾山の薬王院《やくおういん》から山頂に向かって少し行ったところには、山道の右手にクロボクと呼ばれる富士山の溶岩を用いた石垣が数百メートルにわたって続いている。かつては右手の急斜面の上に浅間《せんげん》神社があったが、江戸時代の末に山崩れで流されてしまい、その後、奥の院の背後に祀られている。かつての浅間神社は富士山の遥拝所で、拝殿のみがあって扉を開け、さらに向こう側の扉を開け放つと正面の富士山が額縁に入ったように見えたという。

また、江戸時代には「お富士さん」とか「富士塚《ふじづか》」と称するミニチュアの富士山が江戸を中心に各地に築かれた。これは講の人々が登拝の度にクロボク（溶岩）を持ち帰り、講の設立何周年とか富士登拝三十三回などを記念して築いたものである。かつては関東一円に二〇〇以上の小富士があったといい、現在も七〇ほどが残っている。ちなみに「一富士二鷹《たか》三茄子《なすび》」という俚諺《りげん》があるが、これは東京の駒込《こまごめ》付近で言われたものとされている。かつてこの地の駒込神社には富士塚があり、また、近くには幕府お抱えの鷹匠《たかじょう》の宿舎があり、さらには茄子が特産だったという。この三つを並べて初夢の縁起物としたのである。ただし、江戸ではこのような起源を説くが、他の地方には諸説ある。

〈神仏分離と富士信仰〉

富士山の祭神は浅間大神（江戸時代以降、コノハナノサクヤビメノミコトとされている）、本地仏は大日如来と定められているが、明治の神仏分離で本地仏は廃され、山内にあった仏教的施設も撤去され、山内の寺院は廃寺となった。富士山は神社（神道）として存続することになったのである。

富士講の中には解散を余儀なくされたところも少なくなかったが、多くの講が残存した。維新政府は教祖が創始した天理教や金光《こんこう》教など一四の宗教団体を教派神道としてその活動を許したが、長谷川角行を開祖とする富士講の一部は「扶桑教《ふそう》」という一派になって活動を継続した。ただし、明治五年（一八七二）の修験道禁止令によって山伏がいなくなり、御師住宅も廃業したことから富士修験全盛期の姿とはことなり、神道色を強めることになった。

富士山頂を形成する八つの峰を巡る「お鉢巡り」が今も行われているが、江戸時代まではこれを八葉蓮華院の「八」になぞらえて「お八巡り」と書いた。しかし、これが曼荼羅の中の「八葉蓮華院」で仏教由来の言葉であることから「八」の字を用いることが禁止され、「鉢」の字を用いることになった。これと共に各ピークの名も文殊《もんじゅ》岳や薬師岳という仏教由来の名から剣ヶ峰《けんがみね》（最高峰）などに改められた。維新政府は修験道や民間信仰などを低レベルの淫祠邪教《いんしじゃきょう》として退ける一方で、自らも歴史や伝統を無視した野蛮で低俗な判断を下していたのである。

もう一つ、明治になってからの大きな変化といえば、女人禁制が緩和されて女性が初めて登頂したことと、お雇い外国人として来日していた外国人が登るようになったことである。幕末から明治にかけて、都合二五年間日本に滞在していたイギリスの外交官アーネスト・サトーは、在日中に四度、富士山に登ったという。ただ、山中でも肉を食べ、整髪料の匂いを振りまく彼ら外国人は伝統的な富士信仰の人々からは忌み嫌われたという。

注1．埋納　仏教には釈迦が亡くなってから一五〇〇年、あるいは二〇〇〇年断つと末法《まっぽう》（暗黒の世の中）が訪れるという「末法思想」があった。日本では早くから一〇五二年が末法の世の到来とされており、末法の世には悟りを開く人はおろか、悟りを目指す人もいなくなり釈迦の教えだけが残る。そこで釈迦の教えをつづった経典を石や金属でできた箱におさめて地中に埋めて（埋納して）その上に石碑を建て、五六億七千万年後に弥勒菩薩が現れるときまで教えだけは守ろうとしたのである。これを経塚《きょうづか》といい現代でいうタイムカプセルで、平安時代後半から鎌倉時代にかけて各地で作られた。

注2．入定《にゅうじょう》　座禅を組んで深い瞑想《めいそう》に入ったまま最期を遂げること。現実には死ぬのであるが、信仰としては瞑想に入ったまま永遠に生き続けて人々を救うと考えられた。空海は入定して即身成仏することを理想とし、自ら高野山の奥の院で生き続けているという。これを「弘法大師入定伝説」といい、出羽三山を中心とする「即身仏」はこの入定伝説に基づくものである。

立山

立山《たてやま》は富山県東部に位置する急峻《きゅうしゅん》な山脈で、雄山《おやま》（二九九二メートル）、大汝山《だいなんじやま》（三〇一五メートル）、別山《べっさん》（二八八〇メートル）の総称である。このほか、北には一般ルートでは日本一険しいとされる剣岳《つるぎだけ》（二九九九メートル）、南には浄土山《じょうどさん》（二八三一メートル）と薬師《やくし》岳《だけ》（二九二六メートル）、西に大日岳《だいにちだけ》（二五〇一メートル）などの山々があり、古くから山岳信仰の中心として栄えていた。

立山の周辺には縄文時代の遺跡が点在しており、発掘された遺物からすでにこの山を神聖視する一種の山岳信仰が行われていたことを窺《うかが》うことができる。これは宗教以前の信仰ということができる。そして、『万葉集』には越中《えっちゅう》の国司をしていた大伴家《おおとものやか》持《もち》の「立山賦《たちやまのふ》」という立山を讃《たた》える歌が収録されており、すでにこの時代から山岳信仰の霊山として崇められていたことが分かる。また、明治四〇年（一九〇七）に陸軍の兵士が陸地測量のために剣岳に登頂した。陸軍ではこれを剣岳の初登頂と考えたが、頂上に平安時代の初期のものと思われる剣や錫杖《しゃくじょう》の杖頭を発見し、すでに登頂者がいたことが明らかになった。

平安時代の後半になると神仏習合が進み、本地垂迹説《ほんじすいじゃくせつ》によって立山の神は立山権現、本地仏は阿弥陀如来、剣岳の神は刀尾《たちお》権現で不動明王が本地仏と定められた。また、江戸時代に国学が成立して記紀《きき》神話などが見直されると、立山の神は伊弉諾尊《いざなぎのみこと》、剣岳の神は天手力雄尊《あまのたぢからおのみこと》と定められたが、本地垂迹の関係はそのまま温存された。これは恐らく、新しもの好きの修験者（山伏）が新進の国学思想に影響されて祭神を在地の神から記紀に登場する国家的な神に変更したのであるが、本地垂迹思想の土台を揺るがすものではなかったのだろう。

〈立山の開山・慈興〉

縁起によれば、天武天皇の大宝元年（七〇一）、越中守《えっちゅうのかみ》だった佐伯有若《さえきありわか》が立山の山麓で熊を射た。手負いの熊の血の跡を追っていくと、熊は雄山の玉殿《たまどの》岩屋に逃げ込んだ。佐伯有若が岩屋に入ると、熊は金色の阿弥陀如来に変身して燦々《さんさん》と輝いていた。この奇瑞《きずい》に恐れ入った有若は、阿弥陀如来が熊に化して殺生を戒めてくれたことを悟り、弓矢を折って仏門に入り慈興《じこう》と名乗った。そして、山麓の五智寺《ごちじ》の薬施《やくせ》という僧侶の弟子になって堂宇《どうう》を建立した。これが立山の開山であるという。

京都の随心院《ずいしんいん》に伝わる『随心院文書《もんじょ》』には、「越中守従五位下佐伯宿禰《すくね》有若」という延喜五年（九〇五）の署名があり、実在の人物で越中国の国司だったことが分かる。また、縁起では八世紀初めに立山を開山したとしているが、実際には一〇世紀はじめの開山であることが分かる。

熊が阿弥陀如来に化して狩人《かりうど》を仏道に導いたという話は熊野権現の縁起にも見え、早くから立山と熊野との交流があったことを窺わせる。また、東北地方などの熊の棲息地には熊を神聖視して崇める習俗がある。その習俗が仏教と結び付いて、熊が阿弥陀如来に化したという話が流布するようになったのではないだろうか。いずれにしても立山開山に登場する熊は、南の熊野と北の東方地方の双方から伝えられたものと考

冬の立山連峰

えて差し支えないだろう。

慈興は山麓に芦峅寺《あしくらじ》、岩峅寺《いわくらじ》、安楽寺《あんらくじ》、高禅寺《こうぜんじ》、禅光寺《ぜんこうじ》を建立し、やがて立山修験の拠点となった。芦峅寺と岩峅寺は遥拝所で立山連峰を一望できる聖地として崇められたが、特に芦峅寺は「根本中《こんぽんちゅう》宮《ぐう》」と呼ばれて重きを置かれた。江戸時代までに他の寺は衰退して芦峅寺と岩峅寺だけが残り、両寺を中心に集落が形成され、そこの住人が講の宿泊の世話や立山登拝のガイド役を務め、立山信仰の興隆に中心的な役割を果たした。

彼らは近世になると「立山曼荼羅」と呼ばれる俯瞰図《ふかんず》を携えて諸国を巡り、活発な布教活動を行った。各地で立山講と呼ばれる講を結成して立山登拝に誘い、その土地を「檀那場《だんなば》（他の霊山の「霞《かすみ》」

に相当する)」と称して浄財を集め、立山信仰の経済的基盤を確立した。

全国的にはこのような講の世話をする人たちを御師《おし》(一九〇～一九一ページを参照)と呼ぶが、立山では「衆徒《しゅと》」と呼ぶ。衆徒は高野山などで学問と修行に専念する僧侶のことで、単なる講の世話人ではなく正式な修行僧との自負がある。特に芦峅寺の住民の多くは佐伯姓を名乗り、佐伯有若の末裔《まつえい》であることを誇りにしている。

また、明治以降、西欧のスポーツ登山、いわゆるマウンテニアリングが伝えられると、芦峅寺からは優秀な山岳ガイドを輩出するようになった。「剣の文蔵」の異名を取った佐伯文蔵《さえきぶんぞう》、その娘婿の佐伯富男《とみお》も名ガイドとして活躍し、その業績が評価されて南極観測隊にも抜擢された。

〈地獄の信仰〉

小著でも繰り返し述べてきた通り、日本には山は死者の赴く「他界」であり、その他界に分け入って一度、死んでから全く別の人格として生き返るという「擬死回生」の思想がある(二一～二三ページを参照)。そして、山全体を輪廻転生《りんねてんしょう》の舞台と考え、麓の地獄から登って行って山頂で悟りの境地に至る(成仏する、仏になる)と考えられるようになった。

そして、各地の霊山の山麓には地獄と呼ばれる場所が現れた。特に箱根の大涌谷《おおわくだに》などは地獄谷と呼ばれていた。もともと山岳信仰は神が降臨すると考えられた山の頂に対する信仰から出発したが、後に山中の各所に神の存在を認めるようになった。そして、沢や谷に対する信仰が生まれ、特に滝つぼや淵《ふち》の底に神の存在を認めるようになった。那智の滝などはその典型であるが、ほかにも各地にある何々淵という場所が神聖視され、淵の底から美女に扮《ふん》した神が現れたなどという伝説が各地に存在する。

地獄の観念はもちろん仏教思想有と共に伝えられたものであるが、平安時代の後半に源信《げんしん》が『往生要集《おうじようようしゆう》』の中で極楽と地獄の光景を詳細に述べると、その描写に基づいて『地獄草子《ぞうし》』などが描かれ、それが普及すると人々は地獄に対する一定のイメージを持つようになった。温泉の水蒸気や熱湯、熱泥を吹き出す大涌谷や恐山など各地に地獄と呼ばれる場所が出現したのである。

立山では標高約二四五〇メートルの室堂《むろどう》付近にある地獄谷を中心に、山中に三六〇ヵ所も地獄と称する場所がある。平安時代の末に作られた『今昔物語集』には「二本国ノ人、罪ヲ造テ多ク此ノ立山ノ地獄ニ堕ツ」と見えており、すでにこの時代に立山の山麓が地獄と見なされていたことが分かる。仏教では生前に犯した罪によってすべての生き物は一度は地獄に行くことになるとされている。地獄は贖罪《しょくざい》の場であり、地獄に行って前世で犯した罪汚れを拭《ぬぐ》うことによって、はじめて悟りへの道（成仏）に向かうことができるのである。地獄の鬼卒《きそつ》によってあるいは釜茹《かまゆ》でにされ、あるいは切り刻まれるのはみな贖罪のためで、ここを通過して心身ともに清浄《しょうじょう》となり、仏の道を歩むことができるのである。

『今昔物語集』や同じころに編纂された『法華経』の功徳《くどく》を説いた『本朝法華験記《ほんちょうほっけげんき》』には、遺族があるいは『法華経』を書写（写経）し、あるいは地蔵菩薩を造立したところ亡き人が救われたということが多く説かれている。『法華経』は古くから罪汚れを滅する「滅罪《めつざい》」の経典として信仰されており、各地の霊山にも『法華経』の信仰が多くみられる。先にも述べたように（九五〜九七ページを参照）、平安時代の後半には各地の霊山で『法華経』の滅罪の功徳に対する信仰が盛んになった。そして、立山でも『法華経』を頼りに地獄からの脱出が願われたのである。

〈極楽浄土の出現〉

源信の『往生要集』には、地獄とともに極楽浄土の光景が活写されている。そして、源信は「厭離穢土《おんりえど》　欣求浄土《ごんぐじょうど》」、つまり、苦悩に満ちたこの現世（穢土）を厭《いと》い一刻も早く離れて（厭離穢土）、完璧《かんぺき》な平安の境地に安住することのできる浄土に生まれることを希《こいねが》う（欣求浄土）べきであると主張したのである。『往生要集』は一大センセーションを巻き起こし、恐ろしい地獄の光景を知った人々は、挙《こぞ》って極楽浄土を目指すようになった。

平安時代末には、阿弥陀の極楽浄土に対する信仰が破竹の勢いで広まり、各地の霊山の山頂は極楽浄土とされるようになった。これは日本古来の山頂付近に神が降臨するという信仰と仏教の浄土思想が融合した、神仏習合の信仰だったのである。

〈布橋灌頂〉

江戸時代までは他の霊山と同様、立山も女人禁制だったが、江戸時代後期には「布《ぬの》橋灌頂《ばしかんじょう》」という芦峅寺《あしくらじ》独特の女人救済の宗教儀礼が行われるようになった。この行事は白装束の女性たちが先ず閻魔堂《えんま》で懺悔《さんげ》をした後、目隠しをして僧侶に導かれて三本の白布が敷かれた道を進み、布橋という橋を渡って媼堂《うばどう》に入る。真っ暗な堂の中で僧侶の読経《どきょう》を聞き念仏などを唱えたのちに、堂の扉が開け放たれ立山連峰が一望できる。その神々しい山容を目の当たりにした女性たちは、山頂の極楽浄土に往生するという神秘体験をするのである。これは生と死の疑似体験であり、修験者が山中で行う擬死回生と同じであるが、山に入ることのできない女性のために考案されたものである。

また、浄土教の大成者といわれる中国の善導《ぜんどう》（六一三〜六八一）が考案した「二河《にが》白道図《びゃくどうず》」という画像がある。これは画面の下部に此岸《しがん》（われわれ衆生が住む娑婆《しゃば》世界）、上部に彼岸（阿弥陀如来の極楽浄土）を描き、その真ん中に劫火《こうか》の燃え盛る火の河と濁流の渦巻く水の河があり、その中央に白く細い道（白道）が此岸から彼岸まで続い

布橋灌頂会

ている。

此岸の橋の袂《たもと》には釈迦が立っていて通りかかった一人の旅人に白道を渡って早く彼岸に行けと促し、彼岸には阿弥陀如来がいて早くこっちへ来いと招く。まわりで見ている人々はそんな細い道を渡りおおせる訳がないから止めろと制止する。しかし、釈迦と阿弥陀如来の言葉を信じた旅人、つまり、不動の信仰心を持った旅人は敢然と白道を渡り切る。信仰心のないものははじめから渡らないか、途中で疑いを持ってどちらかの川に落ちて命を落とす。

「二河白道図」は極楽往生の信仰を確固たるものにするために考案された画像で、日本にも伝えられて各地の寺にまつられている。時宗の基を築いた一遍は長野の善光寺で「二河白道図」を拝したことで浄土信仰に邁進《まいしん》する決意をしたという。このような「二河白道図」も布橋灌頂に影響を与えたのかもしれない。

この布橋灌頂は神仏習合色が強く、また、維新政府が淫祠邪教《いんしじゃきょう》と決めつけた民間信仰だったことから、維新の神仏分離によって禁止された。敗戦後もなかなか復興の兆しは見られなかったが、平成八年に各方面の尽力によって一三六年ぶりに復活し、その後、何度か開催されている。

白山

白山《はくさん》は富山県、石川県、福井県、岐阜県にまたがる山地で最高峰の御前峰《ごぜんみね》（二七〇二メートル）、剣ケ峰《けんがみね》（二六七七メートル）、大汝峰《おおなんじみね》（二六八四メートル）の三峰を中心とした周辺の山々の総称である。いち早く冠雪が見られ遅くまで残雪をいただくことから、古くは「越白峰《こしのしらみね》」と呼ばれて富士山、立山と並ぶ名峰として広く知られていた。

白山を水源として九頭竜川《くずりゅう》（福井県）、手取川《てどり》（石川県）、長良川《ながら》（岐阜県）の大河が流れ出し流域の農地や森林を潤し、下流には早くから市街が形成された。広範な地域から遠望できる白山は神体山として山そのものの威容が信仰の対象となるとともに、豊かな水源は水神として、さらには農耕の守護神として信仰されて来た。

白山は古代より原始的な山岳信仰の対象となっていたが、縁起では第十代・崇神《すじん》天皇の七年に現在、白山比咩《しらやまひめ》神社が鎮座する場所に遥拝所が創祀され、白山の神である菊理媛命《くくりひめのみこと》（白山比咩大神）、及び伊弉諾尊《いざなぎのみこと》、伊弉冉尊《いざなみのみこと》を祀ったと伝えられている。菊理媛命は『日本書紀』の一書（異説）に一度だけ登場する神で、伊弉諾尊が亡くなった伊弉冉尊を黄泉《よみ》の国に訪ねたとき、醜い姿を見られた伊弉冉尊が伊弉諾尊を責め立てて口論になった。このとき菊理媛命が仲裁に入ったという短い記述がある。そこで、菊理媛命を主祭神として伊弉諾尊と伊弉冉尊を相殿《あいどの》（主祭神とそれ以外の神を共に祀ること）として祀ったものと考えられる。もともと祀られていたのは白山の地主神で「白山比咩大神」と呼ばれていた神だが、記紀成立以降に菊理媛命となり伊弉諾尊と伊弉冉尊を共に祀った。そして、菊理媛命と白山比咩大神は同じ神であると考えられているのである。

〈白山の開山〉

崇神天皇の時代に菊理媛命を祀り、白山比咩神社の基ができたというのは神社縁起によるもので史実ではない。ただ、霊峰白山は古代より山岳信仰の対象として崇められており、そこに山の神がいると信じられていたことは確かだろう。そして、その白山の神を頼りに登拝したのが泰澄《たいちょう》だった。養老元年（七一七）、泰澄は白山の主峰の御前峰に登り、山頂付近で瞑想していた（座禅を組んでいた）とき、翠ヶ池《みどりがいけ》から本地

白山全景

仏の十一面観音の垂迹《すいじゃく》（化身）である九頭龍王が現れ、自分は伊弉冉尊の化身で白山明神・妙理《みょうり》大菩薩であると名乗ったという。これが白山修験の起源であるという。

この話は白山修験開創の由来の中で語られているもので、多分に伝説的な話が含まれている。ただ、泰澄は役小角《えんのおづぬ》や蜂子皇子に比べるとその生涯や事績が比較的ハッキリしている。泰澄は若いころから十一面観音を篤く信仰しており、その聖地を求めて各地を巡歴していた。そして、苦心惨憺《さんたん》の上、霊峰白山に登り、そこで十一面観音の垂迹である九頭龍王に出会ったということらしい。そして、翌年の養老二年（七一八）、御前峰に社を建立して白山妙理大権現を祀った。

平安時代になると加賀《かが》（石川県）、越前《えちぜん》（福井県）、美濃《みの》（岐阜県）の三国にそれぞれ禅定道《ぜんじょうどう》という登拝道が開かれ、加賀馬場《ばんば》、越前馬場、美濃馬場という三箇所の馬場が設けられた。馬場とは山頂に至る起点となる登山口で、多くの山岳修行者や講の登拝者で栄えた。そして、加賀馬場には白山寺《はくさんじ》（白山比咩神社）、越前馬場には平泉寺《へいせんじ》、美濃馬場には長瀧寺《ちょうりゅうじ》が創建されて神宮寺（別当寺）として各馬場を統括した。

各馬場はそれぞれ多くの坊を傘下に持ち、中世には僧兵を抱えて互いに白山の祭祀権に基づく利権を巡って覇を競った。なかでも越前馬場の平泉寺は強大な勢力を誇り、最盛期には数百の坊と八千人余りの僧兵を抱えていたが、戦国時代の末に加賀一向一揆に攻められて壊滅的な打撃を被った。その後、豊臣秀吉の寄進を受けて復興し、江戸時代には福井藩の支援を受けて再建が進められた。

また、越前馬場の平泉寺と加賀馬場の白山比咩神社の間には争いが絶えなかったが、寛保《かんぽう》三年（一七四三）に幕府の裁定によって御前峰と大汝峰の山頂の祭祀権は平泉寺に、別山の山頂の祭祀権は長瀧寺に委ねられた。しかし、明治の神仏分離によって神宮寺と多くの坊は廃寺となり、山伏たちは還俗《げんぞく》の上、追放されるか新たに定められた神社の神職になることを求められ、寺院の建物は撤去され、内部に祀られていた仏像などは破壊され、焼却処分に付されたのである。このとき、仏像が無残に破壊されることを憂慮した美濃馬場の信者が、山頂の堂舎に祀られていた仏像の一部を密《ひそ》かに持ち出して岐阜県白峰《しらみね》の西林寺《さいりんじ》に納めた。今も西林寺には山頂から迎えられた八体の仏像が祀られている。

越前馬場の平泉寺は平泉寺白山《はくさん》神社、加賀馬場の白山寺は白山比咩神社に強制的に改組され、美濃馬場の長瀧寺は廃寺にはならなかったが、それまで一体だった長瀧《ながたき》白山神社と完全に分離させられた。そして、加賀馬場の白山比咩神社に白山の祭祀権が与えられたのである。

今、平泉寺には往時の面影は全く見られない。杉やブナの木立に囲まれ、両側が深々としたコケに覆われた緩やかな参道を登った一番奥に平泉寺白山神社の社殿がひっそりと建っている。ただ、参道の両側には石垣で土止《どど》めされた平坦な苔《こけ》むした造成地があり、ここにかつての坊が建っていた痕跡《こんせき》を僅《わず》かに偲《しの》ぶことができる。

また、現在の白山比咩神社の鎮座する場所は古くから白山の遥拝所として信仰を集めて来た。鳥居の前に立って背後を振り返ると、前衛の獅子《しし》吼《く》高原の向こうに霊峰白山を望む景勝の地にある。鳥居を潜って参道を進むと昭和のはじめに創建された三間社流造▼注1の規模の大きな社殿が建っている。

前述したように、長瀧寺と長瀧白山神社は神仏習合時代は一体となっており、今も同じ境内に本堂と社殿が建っている。大講堂、薬師堂、弁天堂、鐘楼、経蔵《きょうぞう》などの建物は長瀧寺の所属、大正時代に再建された本殿と拝殿は長瀧白山神社の所属である。

〈全国に勧請された白山社〉

中世以降、白山信仰の隆盛に伴って全国に白山社が勧請《かんじょう》されるようになり、二七〇〇社余りの白山社が全国に鎮座している。この白山社の勧請には白山修験、特に本山派の山伏が寄与している。三馬場それぞれから勧請されて仏教色が強かったが、明治の神仏分離政策で加賀馬場の白山寺白山本宮《ほんぐう》が白山比咩神社に改組され、白山の祭祀権を与えられたことから、加賀馬場の白山比咩神社が白山社の総本社ということになった。

それまで各地の白山社の縁起には越前馬場の平泉寺や美濃馬場の長瀧寺、加賀馬場の白山寺白山本宮を勧請元として記していたが、明治以降は勧請元を白山比咩神社と書き改めた。特に岐阜県に多く分布し、そのほか石川県、新潟県、静岡県、愛知県などに白山社が多い。江戸にも勧請されて東京文京区《ぶんきょうく》の白山は地名にもなっている。

また、曹洞宗《そうとう》の開祖・道元は日本に帰国する前夜、白山権現が現れて『臨済録《りんざいろく》』という浩瀚《こうかん》の禅の語録の写経を助けて一夜で終わらせることができたという伝承がある。このことから、永平寺では白山権現を守護神としてまつり、他の曹洞宗寺院でも白山権現をまつる寺が多い。

注1．三間社流造《さんげんしゃながれづくり》　三間社とは柱間（柱と柱の間）が三つ（三間）という意味。ふつう一間は六尺（約一八〇センチ）であるが、この場合は柱間でその長さは寺社の建物によって区々《まちまち》である。また、流造は前面の屋根面が後ろの屋根面より長く、前にせり出して向《こう》拝《はい》（庇《ひさし》）と一体になっている社殿のことで、全面の屋根面が流れ下るようになっていることから「流造」の名がある。神社の社殿建築様式の中では最も広く採用されている。

英彦山

英彦山《ひこさん》は福岡県と大分県の県境に跨《また》がる標高一一九九メートルの霊峰で、山岳信仰の聖地として崇められてきた。古くは日の神である天照大御神の御子《みこ》（日の御子）が降臨した山ということで「日子山」と呼ばれていたが、後に男性の美称である「彦（ひこ）」の字を当てて「彦山」と表記されるようになった。そして、江戸時代の享保一四年（一七二九）には霊元《れいげん》法皇の院宣により、特に傑出した霊山という意味で「英」の字が冠されて「英彦山」と表記されるようになった。

主峰の中岳を中心に南岳、北岳の三峰からなり、それぞれに祭神が祀られ、平安時代には本地垂迹説《ほんじすいじゃくせつ》によって本地仏が定められ、北岳の祭神は天忍穂耳命《あめのおしほみみのみこと》で本地仏は阿弥陀如来、中岳の祭神は伊弉冉尊《いざなみのみこと》で本地仏は千手観音、南岳の祭神は伊弉諾尊《いざなぎのみこと》で本地仏は釈迦如来である。このうち主祭神は天忍穂耳命で、この神は天照大御神とスサノオノミコトの誓約の結果生まれた、天照大御神の次男で、日子山（彦山）の名の由来になった日の神の御子である。

〈開山の伝説〉

室町時代末に著わされた『鎮西彦山縁起』によれば、継体《けいたい》天皇の二五年（五三一）、北魏《ほくぎ》の善正《ぜんしょう》という僧侶が山中の岩窟で修行していたところ日田《ひた》の藤原恒有《ふじわらこうゆう》という猟師に出会った。善正は恒有に殺生（猟）を止めるように諭したが、恒有は聞く耳を持たず猟を続けた。そして、あるとき白鹿を射たところ、三羽の鷹が飛んで来て一羽は嘴《くちばし》で矢を抜き取り、一羽は傷口を舐《な》めて治療し、一羽はヒノキの葉に水を浸して白鹿に飲ませた。すると鹿は生き返ってどこへともなく元気よく走り去っていった。これを目の当たりにした恒有は神威を恐れ畏《かしこ》んで弓矢を折り、善正の弟子になり、堂を建てて善正が持ってきた異国の神像を祀った。善正の弟子となった恒有は剃髪《ていはつ》して忍《にん》辱《にく》と名を改め、日本で最初の出家の僧となった。

これはもちろん伝説的な話で史実とは異なる。そして、この話が継体天皇の二五年となっていることは、五三八年の仏教公伝以前にこの山に仏教が伝えられていたことを示しているが、これは神道も仏教もその本源の地が英彦山であることをアピールして権威を高めたものである。

ただ、開山に北魏の善正が関わったことは、ことの真偽は別として注目に値する。大分県の国東《くにさき》半島には大陸や朝鮮半島から漂着した人々が独特の文化圏を築いており、国東半島の六郷満山《ろくごうまんざん》を統括した宇佐《うさ》神宮にも、外来の信仰が混入していることが指摘されている。英彦山もその文化圏と考えれば北魏の僧の渡来も考えられなくはないだろう。また、法隆寺や飛鳥寺の仏像は北魏様式といわれるもので、五三八年に日本に最初にもたらされた仏像も北魏様式だったことも十分考えられる。つまり、北魏から朝鮮半島を経由して、目と鼻の先の九州北部に至るルートが古代からあったと考えられるのである。

また、英彦山（彦山）には九州の宗像《むなかた》大社の祭神である宗像三女神《さんじょしん》や大己貴神《おおなむちのかみ》（大国主命の別名）、高皇産霊神《たかみむすびのかみ》、白山の菊理媛命など、神話に登場するトップスターが鎮座し、その後、それぞれの本源の地に帰っていったとしている。さらに、大宝元年（七〇一）には、役行者《えんのぎょうじゃ》が母公を背負って来山した後、海を渡って唐の崑崙山《こんろんざん》の岩窟で修行をし、再び英彦山を経て大峰山に赴いたとしている。この話は修験道発祥の地とされる大峰山（吉野）以前に、役行者が英彦山に修験道の足跡を残したということを暗示するものである。さらに、役行者から五代目の弟子に当たる寿元《じゅげん》という行者が長期にわたって大峰山で修行した後に英彦山に至り、熊野権現を勧請したとされている。

このように、日本を代表する名だたる神々や修験者が一時鎮座した後に本源の地に帰ったというような縁起は、他の霊山や社には見られない。これも神道や仏教が英彦山からはじまり、その中心地であることをアピールするために作られた逸話である。

〈英彦山の盛衰〉

英彦山は治承《じしょう》四年（一一八〇）に後白河法皇が編纂した『梁塵秘抄《りょうじんひしょう》』に「本山彦山」とあり、すでに平安時代の末には日本を代表する霊場として中央にも知られていたことが分かる。中世になると英彦山は周辺の広範な地域に信仰圏を広げ、天台宗の霊仙寺《りょうせんじ》を中心に二〇〇余りの坊が立ち並び、俗に「英彦山三千八百坊」と呼ばれる盛況ぶりだったという。そして、正慶《しょうきょう》二年（一三三三）には後伏見《ごふしみ》天皇の皇子と伝えられる安仁《あんにん》親王を霊仙寺の座主《ざす》として迎え、以降、門跡寺院として絶大な権威を持つようになった。

また、英彦山では古くから修行の一環として武芸の鍛錬が盛んで、最盛期には数千名を誇った僧兵は日本の霊山の中でも屈指の精鋭揃いで、戦国大名と拮抗する軍事力を誇ったという。このことから、肥前《ひぜん》の龍造寺《りゅうぞうじ》氏や豊後《ぶんご》の大友《おおとも》氏をはじめとする戦国大名は、荘園《しょうえん》の寄進を繰り返したり同族の者を彦山の有力者の地位に就けようと試みたりして、英彦山の懐柔を図った。

しかし、英彦山はこれらの懐柔策を受け入れることなく、けっきょく、諸大名と戦闘を交えることになった。中でも天正《てんしょう》九年（一五八一）の大友氏との戦闘では多数の僧兵が討ち死にし、同党の大半を失って壊滅的な打撃を受けた。これによって英彦山は衰退の一途を辿り、その後、新たにこの地域の統治者となった細川《ほそかわ》家には抗することもできないまま荒廃したのである。

そして、明治の神仏分離によって別当寺の霊仙寺は廃され、わずかに残った修験者たちも還俗させられて追放され、英彦山神社として再出発することになった。この時点で英彦山修験の命脈は絶たれ、もちろん峰入り修行なども断絶した。しかし、戦後、昭和四〇年ごろから少しずつ再開され、かつて神仏習合として禁じられた行事も復活しつつある。

木曽御嶽山

木曽御嶽山は長野県と岐阜県に跨る活火山で、平成二六年に噴火を起こし、多くの犠牲者が出たことは記憶に新しい。中央に主峰の剣ヶ峰《けんがみね》（三〇六七メートル）、継子岳《ままこ》（二八五九メートル）、摩利支天岳《まりしてん》（二九五九メートル）、継母岳《ままはは》（二八六七メートル）、王滝頂上《おうたき》（二九三六メートル）の五峰からなり、山頂付近には一ノ池から五ノ池まで五つの池がある。

木曽御嶽山

五つの池ははじめ一つで白、黒、赤、青、黄の五色の龍が棲《す》んでいたという。しかし、時代が下ると人が登って来てのぞき込んだり石を投げ入れたりするので、龍は怒って池を取り壊し、別に五つの池を作って別々に棲むようになったという。特に水深三メートルと高山の池としては最深の三ノ池はまさに神霊が棲むにふさわしい佇《たたず》まいを見せており、昔からこの池の水は万病に効く霊薬とされている。

また、池が五つに分かれたという伝説は火山活動の結果山容が変わり池が分割されたことに基づくものかもしれない。いずれにしてもこれらの五つの池の存在は御嶽山の神秘性を弥《いや》が上にも高めている。

御嶽山は早くから山岳信仰の対象にな

り、剣ヶ峰には座王権現（蔵王権現）、王滝頂上には日之権現《ひのごんげん》、二ノ池には士祖権現が祀られ、三権現を総称して御嶽大権現と称して崇敬されていた。江戸時代には富士山、白山、立山が「日本三大霊山」とされていたが、このうち、白山か立山を御嶽山に替えて「日本三大霊山」とも言われた。「御嶽」の名は大峰山を「金御嶽《かねのみたけ》」と称したことにはじまり、各国を代表する霊峰が「国御嶽《くにみたけ》」と定められ、木曾御嶽山をはじめ甲斐国の御嶽、武蔵国の御嶽などかつて六八国あった諸国に一つ「御嶽」が定められ信仰の対象となって来た。木曾の御嶽は「おんたけ」と読むが武蔵国の御嶽は「みたけ」と読んでいる。明治以降は神仏分離によって権現は廃され、国常立尊《くにのとこたちのみこと》、大己貴命《おおなむちのみこと》、少彦名命《すくなひこなのみこと》を祭神とする御嶽神社に改められた。

また、御嶽山の山中には滝が多いことでも知られている。豊富な降雪と降雨が急峻な山肌の各所に滝を形成してきた。山岳信仰は山自体の信仰とともに谷や滝、淵に対する信仰でもあり、滝壺《たきつぼ》には神が棲み大蛇や龍と化して出現すると信じられていた。御嶽山中の滝も行者の行場《ぎょうば》や講の終結する聖地として崇められてきた。

〈御嶽の四門〉

遠方から御嶽の山頂を目指す登拝者が最初に木曾御嶽山の全容を望むことのできる以下の場所が「御嶽の四門」と呼ばれている。各門には鳥居や祠《ほこら》が設けられ、御嶽山の遥拝所として神聖視されており、登拝者はここで御嶽山を仰ぎ、手を合わせて経や祝詞《のりと》をとなえた上で山頂を目指す。岩郷《いわごう》村神戸《かんど》の門は京都方面からの最初の遥拝所で御嶽山の東南東約二〇キロメートル、現在の木曽町にある。長峰《ながみね》峠は御嶽山の北北東約一〇キロメートルのところにある。三浦《みうら》山中は御嶽山の南西約一七キロのところにあるが、戦国時代の戦禍で焼失したと伝えられている。鳥居《とりい》峠は木曽義元《よしもと》が戦勝を祈願し、鳥居を建てたことからこの名がある遥拝所である。

これらの門（遥拝所）は後に仏教的な意味付けがなされ、岩郷村神戸は仏道に帰依することを決意する「発心門《ほっしんもん》」、長峰峠は悟りを開いて菩薩となり、衆生救済をすることを決意する「菩薩門」、三浦山中は修行に専念する「修行門」、そして、鳥居峠が悟りの境地に達する「涅槃《ねはん》門」とされた。

〈御嶽信仰の改革者・覚明〉

柳田国男は『海南小記《かいなんしょうき》』の中で沖縄の神信仰について「大和の三輪の山と同じように、天然の霊域を御嶽（おたけ）として尊敬していた……中略……御嶽はかならずしもわれわれがこの文字によって想像する高山の頂ではありませぬ」と述べている。これは柳田の沖縄での実際の見聞によるもので、つまり、海浜でも森林でも神が降臨すると思われる神々しい場所、神聖な場所が「御嶽」だというのである。

沖縄で一番高い山は標高五二六メートルの於茂登岳《おもとだけ》で群島全体にあまり高い山は見られない。しかし、本州には富士山をはじめとして高山が多く、とくに中部山岳地帯には三〇〇〇メートル級の山々が連なっている。もともとはムラの近くにある山や森林に神が降りる「御嶽」と信じられていたが、しだいに遠くに見える高山をも信仰するようになった。木曾御嶽山のような三〇〇〇メートルを超える山はその山が見える範囲の半径数十キロから一〇〇キロ以上に及ぶ広範な地域の「御嶽」となったのである。

そして、そのような神聖な「御嶽」には誰でも足を踏み入れることができるわけではない。沖縄ではユタと呼ばれる女性の巫女《みこ》だけが厳重な精進潔斎をした上で、通常は年に一度、神が降臨すると思われる日にだけ御嶽に入ることができた。

木曾御嶽山の場合も麓の清浄《しょうじょう》な場所で、七五日から一〇〇日に及ぶ厳しい精進潔斎をした上で初めて登拝が許された。精進潔斎は富士山や出羽三山など他の霊山でも求められたが、木曾御嶽山の場合は特に厳しいもので一般の登拝者を寄せ付けなかった。このようないわゆる「重潔斎」を廃して水で身体を清める「水垢離《みずごり》」などを短期で行う「軽精進」での登拝を提唱したのが、木曾御嶽信仰の中興開山《ちゅうこうかいさん》といわれる覚明《かくめい》（一七一八～一七八六）である。

覚明は尾張国《おわりのくに》（愛知県西部）の春日井郡《かすがい》に生まれ長じて餅屋を営んでいたが、商売が立ち行かなくなり、ある日突然、巡礼の旅に出て各地を巡歴していたという。そして、四国遍路を巡っていたとき、第三十八番札所の金剛福寺《こんごうふくじ》で御嶽を開山すべしとの神の託宣をうけたという。

安永《あんえい》元年（一七七二）、御嶽山に赴いた覚明は麓の神職や代官に登拝の許可を願い出たが認められず、一〇年後にも登拝の許可はおりなかった。入山を拒まれたのは宗教上の理由だけではなく、当時、尾張藩の保護林になっていたことから藩の咎《とが》めを受けるためでもあった。そこで覚明は天明《てんめい》五年（一七八五）、地元民など数名を率いて登拝を強行し、翌年には再度、地元民らを連れて登拝し、同時に登拝道の整備を行った。

覚明が簡易な精進だけで登拝を成し遂げたことは、その後の御嶽信仰に大きな影響を与え、信仰の山として大衆化されるきっかけを作った。覚明が宗教的な慣習や藩の法を侵してまで登拝を試みた背景には、当時佳境に入っていた富士講の影響もあったと考えられる。富士講は長谷川角行《はせがわかくぎょう》や食行身禄《じきぎょうみろく》の尽力によって一気に大衆化したのである。

また、江戸時代には幕府が諸般にわたって統制を強め、特に不要不急の旅行には厳しい監視の目を向けた。しかし、寺社巡りに関しては講を中心に多額の志納金《しのうきん》を納めることや、周辺の宿や土産物屋、さらには遊郭などに金が落ち、藩や幕府の財政に寄与することからこれを大目に見たのである。

このことから、江戸時代には寺社巡りが空前の活況を呈し、富士山や立山などにも行者以外の一般の人々が登るようになった。もはや大衆は聖地をごく限られた宗教者だけの専有物にしておくことを許さなかったのである。木曾御嶽山にもそのような時代の潮流が押し寄せ、それを敏感に感じ取った覚明は、一般の人々に門戸を開いたとも考えられる。

さらに、御嶽という究極の秘所や神に対する観念も時代とともに変遷してきた。古代には御嶽や神は絶対的な存在であり、特別の準備もなく不用意にその存在を想起したり、口にすることすら不謹慎で罰当たりな行為と考えていた。しかし、時代が下るにつれて、人が良きにつけ悪しきにつけさまざまな知識を身につけ、日常の生活も煩《はん》瑣《さ》になって来ると、御嶽や神の存在にもそれほど恐れ畏《かしこ》むことが無くなって来る。そして、祭礼や神事も次第に簡略化、形式化されてくるのである。

これは戦後の昭和三〇年代ぐらいから以降のわずか数十年の間にも、法事や祭礼などの行事がかなり簡略化されたことを見ても分かるだろう。そして、御嶽に踏み入ることをそれほど恐れなくなり、気軽に登って噂に聞く山頂からの絶景を楽しみたいという人々が増えたのである。現代の登山者にはほとんど御嶽という観念はなく、レジャーやスポーツの一環として楽しんでいることを見ても、その変遷の過程を知ることができるだろう。

ともあれ、木曾御嶽山は覚明によって多くの人に開かれた山(御嶽)になり、人々の多様な願いを満たすようになったということができるだろう。

石鎚山

愛媛県の石鎚山《いしづちさん》は標高一九八二メートルで西日本の最高峰である。平安時代初期の『日本霊異記』には「石槌山」と表記され、平安時代前期の『延喜式』「神名帳《じんみょうちょう》」には「石鉄神社」と記され、「石鉄山」「石土山」などとも表記されていたらしい。最高峰の天狗岳《てんぐだけ》(一九八二メートル)、弥山《みせん》(一九七四メートル)、南尖峰《なんせんぽう》(一九八二メートル)の三つのピークがあり、火山性の安山岩《あんざんがん》の屹立《きつりつ》した山容は神の山に相応《ふさわ》しい威容を見せている。また、石鎚山は降雨量と降雪量が多く、吉野川《よしのがわ》や仁淀川《によどがわ》など四国を代表する河川の源流になっており、古くから鍬《くわ》の柄の形の残雪が現れると苗代《なわしろ》に水を引いて農作業を開始した。このことから、石鎚山はその特徴ある山容と相俟って、水分の山として信仰され五穀豊穣《ごこくほうじょう》が祈願されて来た。

縁起によれば六五七年に役行者《えんのぎょうじゃ》がこの山中で修行中に蔵王権現を感得したといい、中腹に天河寺を開創して蔵王権現を祀ったのが開山だという。そして、奈良時代の七

石鎚山の天狗岳

五三年には熊野権現が勧請され、天河寺は別当寺として栄えたという。その後、横峰寺《よこみねじ》と前神寺《まえがみじ》が勢力を拡大して石鎚信仰の拠点として栄え、特に前神寺は近世まで別当寺として隆盛を極めた。もともと石鎚信仰は神仙思想に基づいて形成されたものであるが、後に仏教が混入して平安時代以降は神仏習合が進んで本地仏が定められた。

また、仏教化が進むと仏教発祥の地インドとの関連も語られるようになり、役《えんの》小角《おづぬ》はもともとインドの生まれで、インドを教化した後に中国に渡り、日本にやって来た。そして、石鎚山で修行した後に修験道のルーツである大峰山、伯耆国《ほうきのくに》（鳥取県）の三徳山《みとくさん》を訪れ、大阪の北端にある箕面《みのお》山《やま》の龍穴に入って「八宗の祖」と仰がれる龍樹《りゅうじゅ》から法を授かったと伝えている。

さらに、役小角が中国で修行していたときに、修行の聖地を探るために三本の蓮華《れんげ》(ハスの花)を投げた。後に三本の蓮華を探索したところ、一本が石鎚山、もう一本は大和国の弥勒長《みろくちょう》(吉野の金峯山と考えられる)、最後の一本は伯耆の三徳山に落ちていたという。

これはもちろん伝説で史実ではない。近世になって修験道の祖と仰がれるようになった役小角を介して各地の霊山との関連性を説き、自らの霊山の権威を高めるために作られた話と考えられる。

また、蓮華を投げて聖地を占ったという話は、弘法大師が中国から帰るまでに密教法具の三鈷杵《さんこしょ》を投げ、帰朝した空海が高野山に登ったところ松の木に引っかかっていたという話と同じで、各地の霊山に類似の話が伝わっている。国土の三分の二を山岳地帯が占める日本には霊山として仰がれている山も非常に多い。そこで、いずれ劣らぬ霊山に行者もどこを拠点とするかを迷い、何らかの占いによって決めることが実際にあったのかもしれない。

岩木山

標高一六二五メートルの岩木山《いわきさん》は青森県の最高峰で、富士山によく似た山容から

「津軽《つがる》富士」の名で親しまれている。縁起によれば延暦一九年（八〇〇）、坂上田村麻呂《さかのうえのたむらまろ》が東国を平定した御礼に、山頂に社殿を造営したのがはじまりといわれている。

祭神は岩木大神《いわきのおおかみ》で、平安時代には山頂に本地仏の阿弥陀如来、薬師如来、観音菩薩が祀られ、山麓の百沢寺《ひゃくたくじ》を岩木山三所権現と称し、一山を統括する別当寺とした。

今も毎年、旧暦の八月一日には「お山参詣《やまさんけい》」という五穀豊穣などを祈願する大祭が行われ、白装束に身を包んだ多くの参詣者が「サイギ　サイギ」という独特の言葉をとなえながら山頂を目指し、御来光を仰ぐ。「サイギ」とは「祭儀」、つまり祭礼のことと思われる。この「お山参詣」は国の重要無形民俗文化財に指定されている。

また、浄瑠璃などで有名な安寿《あんじゅ》と厨子《ずし》王丸《おうまる》は、奥羽《おうう》一円を治めていた岩城判官正氏《いわきのはんがんまさうじ》の子どもとされ、岩木山にはその伝説が語り継がれている。そして、安寿と厨子王丸が丹後《たんご》半島の由良湊《ゆらみなと》の長者、山椒太夫《さんしょうだゆう》に売り渡されて過酷な労働を強いられたということから、丹後国の人が津軽に入ると、岩木山が暴風に見舞われるとか海が大荒れになるなどといって、その入国を忌み嫌った。安政五年（一八五八）には、津軽藩が藩令を出して丹後の人の入国を厳しく禁じている。

江戸時代には津軽藩の総鎮守とされて歴代藩主が篤《あつ》く崇敬し、社殿などを寄進した。明治の神仏分離で百沢寺は廃寺となり、本地仏も外されて、津軽総鎮守・岩木山神社として純粋な神社としての道を歩むことになった。

恐山

青森県の下北半島に位置する恐山《おそれざん》は、カルデラ湖の宇曾利山湖《うそりやまこ》を囲む外輪山《がいりんざん》の総称で、最高峰は標高八七八メートルの釜臥山《かまふせやま》である。古くから下北半島では死者の霊は恐山に赴くとされ、また、恐山に登れば死者に会うことができるという信仰があった。

伝承によると、恐山は貞観四年（八六二）に第三代天台座主《ざす》の慈覚《じかく》大師円仁《えんにん》によって開かれたという。円仁は中国に留学しているときに、都（京都）の東方三〇日余り下ったところに霊山があり、山中には一〇八つの地獄がある、この山に地蔵菩薩を彫って安置せよとの夢告《むこく》を受けた。帰国した円仁が東に旅を続けたところ、恐山に至り夢告の通り一〇八の地獄があったという。そこで円仁は早速、自ら地蔵菩薩を彫って本尊として祀ったという。

これが宇曾利湖の湖畔に建つ恐山菩提寺の起源とされ、本尊の地蔵菩薩に対する信仰を基軸に、死者の霊が赴く山、死者と会うことのできる山として多くの人に信仰されるようになった。また、恐山菩提寺の境内には飲泉が湧出《ゆうしゅつ》しており、古くから夏季には参詣と湯治を兼ねた人々で賑わったといい、『菅江真澄遊覧記』にもその様子が記されている。

恐山山麓には古くからイタコと呼ばれるいわゆる「霊能者」がおり、「口寄せ」と称して死者の言葉を伝えていた。こうした霊能者は各地に分布し、主に盲目や弱視の女性が子どものころから訓練を受けて生業としていた。

山の夏季の大祭には大勢のイタコが集まり、近親者などを亡くした人たちが、イタコの口寄せを目当てに参集することで知られている。ただし、夏季の大祭に現在のようにイタコが大挙してやって来るようになったのは明治以降のことで、江戸時代に恐山を訪れた菅江真澄《すがえますみ》もイタコについては書いていない。

明治維新の神仏分離政策では、神宮寺などが撤去されるとともに、寺に寄生していた占い師や祈禱師、霊媒師なども禁止された。職を失った彼らは、本州の北端で政府の目が届き難《にく》い恐山に活路を見出《みいだ》し、大祭に押し掛けるようになったようである。

大山（神奈川県）

丹沢山系《たんざわさんけい》の東側に位置する標高一二五二メートルの大山《おおやま》は、三角形の美しい山容が遠望できることから、早くから霊山として信仰されて来た。「阿夫利山《あふりやま》」「雨降山《あふり》」ともいわれ、文字通り雨を降らす山、雨乞《ご》いの山として農民の信仰を集めて来た。

大山山頂には巨岩があり、もともとこの巨岩を神体とした磐座《いわくら》信仰（二一八ページを参照）だったが、記紀の時代以降は大山祇神《おおやまつみのかみ》を祭神とし、これが巨岩信仰と習合して「石尊大権現《せきそん》」として信仰されていた。山頂には阿夫利神社の奥宮があり、中腹には

大山（谷文晁「日本名山図会」天／国立国会図書館デジタルコレクション）

下社がある。平安時代に編纂《へんさん》された『延喜《えんぎ》式《しき》』「神名帳《じんみょうちょう》」には、阿夫利神社が記載されており、すでに奈良時代の終わりから平安時代の初めには創建されていたと考えられている。

また、現在の阿夫利神社下社《しもしゃ》の地には、別当寺として一山を統括した大山《たいさん》寺《じ》が創建された。大山寺は奈良時代の天平勝宝《てんぴょうしょうほう》七年（七五五）に東大寺の開山で、大山の麓の生まれとされる良《ろう》弁《べん》が開いたという。不動明王が祀られて修験道場として栄えるようになった。その後、大地震と大火によって伽藍と不動明王は焼失したが、間もなく再建され、鎌倉時代には重さ四〇〇キロもある鉄造の不動明王（重要文化財）が祀られた。

また、大山では天狗《てんぐ》信仰も盛んである。大山の天狗は、平安時代の末に政争に巻き込まれて四国山中で憤死した崇徳《すとく》天皇の霊を慰めるために四国の白峰《しらみね》に行ってしまった。それを案じた伯耆《ほうき》（鳥取県）の大山《だいせん》が移り住んで守護となった。

後に大山天狗は富士講の人々から盛んに信仰され、江戸時代には大山講が結成されて多くの講徒が団体で参詣するようになった。当時の講の総数は一万五七〇〇、信徒の家数七〇万軒という盛況ぶりで、江戸（東京）から大山に向かう道程には今も「大山街道」の名が残っている。また、江戸時代には大山と江の島を巡るのがセットになっており、さらに富士山と大山と高尾山を巡る「三山巡り」も盛んに行われた。

明治の神仏分離で大山寺は廃寺となって撤去され、その跡に阿夫利神社下社が創建された。そして、明治一八年（一八八五）には、大山の中腹に再建され明王院《みょうおういん》と号し、大正四年（一九一五）には寺号を「大山寺」に復した。

箱根山

箱根山は神奈川県足柄下《あしがらしも》郡と静岡県にまたがる火山の総称で、古くは「函根山」または「函嶺《かんれい》」ともいった。現在の箱根湯本《ゆもと》から少し上ったところの「函嶺洞門《かんれいどうもん》」に、函嶺の名を残している。

縁起によれば、第五代孝昭《こうしょう》天皇の時代の時代に駒ヶ《こまが》岳《たけ》の山頂に神仙宮《しんせんぐう》を祀ったのが起源であるとされ、箱根山の最高峰である神山《かみやま》（一四三八メートル）を神体山として祀り、その後の山岳信仰の基を作ったと伝えられている。駒ケ岳は神山の遥拝所で、今も毎年、一〇月二四日に神山を遥拝する御神火祭という祭祀が行われている。また他の縁起によれば、箱根山には泰山府君《たいざんふくん》が祀られていたという。泰山府君は冥界を支配する道教の一〇尊の一尊である。

孝昭天皇は欠史八代の一人で歴史的実在が認められていないが、神仙宮は道教の神仙思想に基づくものである。道教は六世紀の仏教伝来以前に日本に流入し、役小角《えんのおづぬ》など創成期の山岳修行者は道教の神仙術を学んで仙人になることを目指していた。したがって、箱根山は仏教伝来以前の早い時期から信仰されていたことが窺《うかが》える。

また、箱根神社に納められている社宝の『箱根権現縁起絵巻』によると、インドの王子が日本に来て箱根権現、伊豆山権現になったとされている。伊豆山権現とは熱海駅の近くの山の上にある伊豆山神社の祭神で、麓の海岸の岩窟にある「走《はし》り湯」という間欠泉《かんけつせん》を神体とする。

箱根神社は奈良時代の天平宝字《てんぴょうほうじ》元年（七五七）、万巻上人《まんがんしょうにん》によって開かれたと伝えられている。若くして出家した万巻上人は各地の霊場を巡った後に箱根山に入山、三年間修行した後に箱根三所権現を感得して箱根神社を創建し、金剛院東福寺《こんごういんとうふくじ》を開いた。後に東福寺は金剛王院《こんごうおういん》を名乗り、別当寺《べっとうじ》として箱根山を統括することになった。

鎌倉時代には箱根山の僧兵が頼朝《よりとも》に加勢して勝利に導いたことから、以来、武将から厚く信仰されるようになった。しかし、天正一八年（一五九〇）の豊臣秀吉の小田原攻めのときに、地元の小田原北条氏に加担し敗北を喫し、伽藍を焼失した。その後、徳川家康が再建し、二〇〇石の朱印地を与えられた。

また、当時、芦ノ湖の九頭龍が地元の人々に危害を加えて苦しめていたといい、万巻上人が祈禱でこの九頭龍《くずりゅう》（九つの頭をもつ龍）を鎮め、その九頭龍を箱根山の守護として祀ったのが九頭龍神社（本宮）であると伝えられている。

明治の神仏分離で金剛王院東福寺は廃寺となり、当寺の別当は還俗して箱根神社の神職になった。

大山（鳥取県）

標高一七二九メートルの大山《だいせん》は中国地方の最高峰で、神奈川県の大山《おおやま》（阿夫利山）に対して伯耆《ほうき》大山と呼ばれ、また富士山に山容が似ていることから、伯耆富士、出雲《いずも》富士などと呼ばれている。

奈良時代に成立した『出雲国風土記』には、八束水臣津野命《やつかみずおみつののみこと》という巨人の神が「大山」に縄をかけて朝鮮半島の土地を引いてきて島根半島を作った、という国造り神話が掲載されている。この神が記紀神話に登場する大国主命の原型と考えられている。

大山は古くから「大いなる神の坐《いま》す山」として信仰され、山頂には大山を神体山とする大神山《おおがみやま》神社が創建された。また養老二年（七一八）には大山寺《だいせんじ》が創建され、別当寺として一山を統括するようになった。その後、山岳修行の拠点として栄え、多くの坊《ぼう》が開かれて、三〇〇に及ぶ僧兵が常駐していたという。室町時代に修験道が確立すると、修験道の拠点として多くの修験者（山伏）が参集し、また一般の登拝者も雲集して隆盛を極めた。

大山寺の登拝道から「大山道《だいせんみち》」と称する参詣道が放射状に延び、多くの参詣者や旅人で賑わった。そして、江戸時代には参詣道沿いに牛馬の市が立つようになり、明治時代に至るまで日本一の取引量を誇った。

明治の神仏分離で大山寺と大神山神社は引き離されたが、今も阿弥陀堂などの建物や阿弥陀如来、十一面観音像などの仏像などが残り、神仏習合時代の面影を見ることができる。

以上、主要な霊山を紹介したが、このほかにも日本全国には多くの霊山が存在し、明治の神仏分離で命脈を絶たれたところもあるが、その後、復活した霊山も少なくない。そんな霊山の中で日光山《にっこうさん》（八〇ページを参照）と武蔵《むさし》御嶽神社（二〇二〜二〇三ページを参照）については、該当箇所で紹介したので、本章では割愛した。

参考文献

『山の宗教』五来重著、角川ソフィア文庫
『北越雪譜』鈴木牧之編撰・京山人百樹刪定・岡田武松校訂、岩波文庫
『秋山記行』鈴木牧之著・宮栄二校注、東洋文庫
『菅江真澄遊覧記』1〜5、菅江真澄著・内田武志、宮本常一編訳、東洋文庫
『山岳信仰』鈴木正崇著、中公新書
『神々の明治維新』安丸良夫著、岩波新書
『山伏』和歌森太郎著、中公新書
『神と仏の間』和歌森太郎著、講談社学術文庫
『日本の祭』柳田国男著、角川ソフィア文庫
『日本の昔話』柳田国男著、角川ソフィア文庫
『新版 遠野物語』柳田国男著、角川ソフィア文庫
『全現代語訳　日本書紀』上・下、宇治谷孟、講談社学術文庫
『古事記　全訳注』上・中・下、次田真幸、講談社学術文庫
『神道事典』國學院大學日本文化研究所編、弘文堂
『日本俗信辞典　動物編』『同　植物編』鈴木棠三著、角川ソフィア文庫
ほか

地図作成／小林美和子
山伏イラスト／クー
本文内写真で出典を略したものは、
（株）フォトライブラリーに依る。

よくわかる山《さん》岳《がく》信《しん》仰《こう》

瓜生《うりゅう》 中《なか》

令和2年 11月25日　初版発行
令和6年 10月10日　8版発行

発行者●山下直久

発行●株式会社KADOKAWA
〒102-8177　東京都千代田区富士見2-13-3
電話　0570-002-301(ナビダイヤル)

角川文庫 22436

印刷所●株式会社KADOKAWA
製本所●株式会社KADOKAWA

表紙画●和田三造

ISBN 978-4-04-400610-5　C0114

◆◇◇

角川文庫発刊に際して

角川源義

第二次世界大戦の敗北は、軍事力の敗北であった以上に、私たちの若い文化力の敗退であった。私たちの文化が戦争に対して如何に無力であり、単なるあだ花に過ぎなかったかを、私たちは身を以て体験し痛感した。西洋近代文化の摂取にとって、明治以後八十年の歳月は決して短かすぎたとは言えない。にもかかわらず、近代文化の伝統を確立し、自由な批判と柔軟な良識に富む文化層として自らを形成することに私たちは失敗して来た。そしてこれは、各層への文化の普及滲透を任務とする出版人の責任でもあった。

一九四五年以来、私たちは再び振出しに戻り、第一歩から踏み出すことを余儀なくされた。これは大きな不幸ではあるが、反面、これまでの混沌・未熟・歪曲の中にあった我が国の文化に秩序と確たる基礎を齎らすためには絶好の機会でもある。角川書店は、このような祖国の文化的危機にあたり、微力をも顧みず再建の礎石たるべき抱負と決意とをもって出発したが、ここに創立以来の念願を果すべく角川文庫を発刊する。これまで刊行されたあらゆる全集叢書文庫類の長所と短所とを検討し、古今東西の不朽の典籍を、良心的編集のもとに、廉価に、そして書架にふさわしい美本として、多くのひとびとに提供しようとする。しかし私たちは徒らに百科全書的な知識のジレッタントを作ることを目的とせず、あくまで祖国の文化に秩序と再建への道を示し、この文庫を角川書店の栄ある事業として、今後永久に継続発展せしめ、学芸と教養との殿堂として大成せんことを期したい。多くの読書子の愛情ある忠言と支持とによって、この希望と抱負とを完遂せしめられんことを願う。

一九四九年五月三日

角川ソフィア文庫ベストセラー

よくわかるお経読本　瓜生　中

般若心経、浄土三部経、光明真言、和讃ほか、各宗派の代表的なお経十九を一冊に収録。ふりがな付きの原文と現代語訳で読みやすく、難解な仏教用語も詳細に解説。葬儀や法要、写経にも役立つ実用的読本！

よくわかる祝詞読本　瓜生　中

祝詞の基礎知識、神話と神々の由来、神社参拝時のマナー等をていねいに解説。月次祭、節分祭、七五三、成人式ほかで奏上される、24の身近な祝詞例文を現代語訳とともに掲載する文庫オリジナルの実用読本。

知っておきたい仏像の見方　瓜生　中

仏像は美術品ではなく、信仰の対象として仏師により造られてきた。それぞれの仏像が生まれた背景、身体の特徴、台座、持ち物の意味、そして仏がもたらす救いとは何か。仏教の世界観が一問一答でよくわかる！

知っておきたい日本の神話　瓜生　中

「アマテラスの岩戸隠れ」「因幡の白兎」「スサノオのオロチ退治」――。日本人なら誰でも知っている神話を、天地創造神話・古代天皇に関する神話・神社創祀などに分類。神話の世界が現代語訳ですっきりわかる。

知っておきたい日本人のアイデンティティ　瓜生　中

日本人の祖先は大陸や南方からの人々と交流し、混血を重ねるうちに独自の特徴を備える民族となった。地理的状況、国家観、宗教観などから古きよき日本人像を探り、そのアイデンティティを照らし出す。